Grundkurs

Patchwork-Quilting

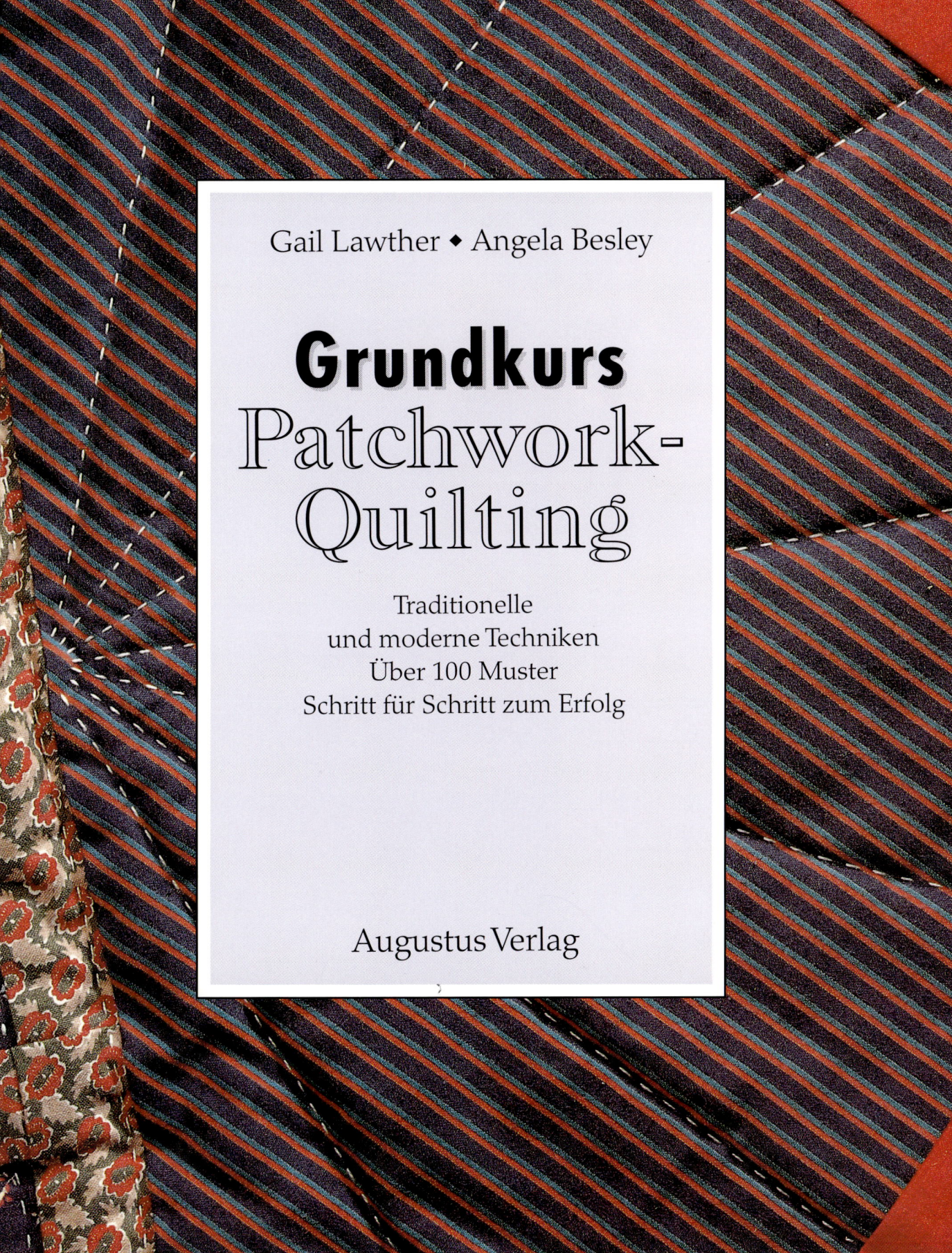

Grundkurs Patchwork-Quilting

Gail Lawther ◆ Angela Besley

Traditionelle und moderne Techniken
Über 100 Muster
Schritt für Schritt zum Erfolg

Augustus Verlag

*Im Augustus Verlag ist auch der Titel
»Patchwork-Quilting leicht und schnell«
von Dörte Bach erschienen.*

Die englische Originalausgabe erschien bei
Cassell, London, unter dem Titel:
Patchwork and Quilting – A Step-by-Step Guide
© Copyright 1994 Quarto Publishing plc

Die Deutsche Bibliothek – CIP-Einheitsaufnahme

Grundkurs Patchwork quilting : traditionelle und
moderne Techniken ; über 100 Muster ; Schritt für
Schritt zum Erfolg / Gail Lawther ; Angela Besley.
[Übers.: Bernadette Mayr]. –
Augsburg : Augustus-Verl., 1996
  ISBN 3-8043-0461-3

Das Werk einschließlich aller seiner Teile ist ur-
heberrechtlich geschützt. Jede Verwertung außerhalb des Urhebergesetzes ist ohne Zustimmung
des Verlages unzulässig und strafbar. Das gilt ins-
besondere für Vervielfältigungen, Übersetzungen,
Mikroverfilmungen und die Einspeicherung und
Verarbeitung in elektronischen Systemen.
Es ist deshalb nicht gestattet, Abbildungen dieses
Buches zu scannen, in PCs oder auf CDs zu spei-
chern oder in PCs/Computern zu verändern oder
einzeln oder zusammen mit anderen Bildvorlagen
zu manipulieren, es sei denn mit schriftlicher
Genehmigung des Verlages.
Die im Buch veröffentlichten Ratschläge wurden
von den Verfasserinnen und vom Verlag sorgfältig
erarbeitet und geprüft. Eine Garantie kann den-
noch nicht übernommen werden. Ebenso ist eine
Haftung der Verfasserinnen bzw. des Verlages und
seiner Beauftragten für Personen-, Sach- und Ver-
mögensschäden ausgeschlossen.
Jede gewerbliche Nutzung der Arbeiten und Entwürfe ist nur mit Genehmigung der Verfasserinnen und des Verlages gestattet.
Bei der Anwendung im Unterricht und in Kursen
ist auf dieses Buch hinzuweisen.

Übersetzung: Bernadette Mayr, Hannover
Fotografie: Paul Forrester, Chas Wilder
Illustrationen: Sally Launder
Lektorat der deutschen Ausgabe:
Helene Weinold-Leipold
Umschlaggestaltung: Christa Manner, München
Layout: Sheila Volpe
Satz: Michael Stiehl, Augustus Verlag, Augsburg

Augustus Verlag Augsburg 1996
© Weltbild Verlag GmbH, Augsburg

ISBN 3-8043-0461-3
Printed and bounded in China

Inhaltsverzeichnis

8
Vorwort

11
Teil 1
Die Geschichte des Quilts

Teil 2
Die Grundkenntnisse

24
Woraus ein Quilt besteht

26
Das Handwerkszeug

30
Wahl der Stoffe

32
Wahl der Farben

34
Gemustert und uni

36
Der Entwurf

38
Anordnung der Blöcke

40
Entwürfe zeichnen

42
Schablonen herstellen

44
Stoff zuschneiden

46
Das Zusammensetzen

48
Quiltmuster vorzeichnen

50
Quilt-Bordüren

52
Wattierung und Rückseite

54
Im Quiltrahmen arbeiten

56
Das Quilten

58
Verschiedene Möglichkeiten, einen Block zu quilten

60
Fertigstellung des Quilts

Teil 3
Der Samplerquilt

64
So sieht Ihr Samplerquilt aus

66
Samplerquilt-Schablonen

72
1. Der Viererblock

74
2. Der Neunerblock

76
3. Die Zuckerdose

78
4. Der Applikationsblock

80
5. Der Log-Cabin-Block

82
6. Block in Streifentechnik

84
7. Der Sternenblock

86
8. Der Flying-Geese-Block

88
9. Der Block in Reversapplikation

90
10. Anordnung der Blöcke

92
11. Randbordüre anfügen

94
12. Quiltmuster vorzeichnen

96
13. Den Samplerquilt quilten

98
14. Den Samplerquilt einfassen

Teil 4
Erweitern Sie Ihre Fähigkeiten

102
Wholecloth-Kissen

104
Amisch-Kniedecke

106
Englische Papiermethode

108
Wandbehang »Bleiglasfenster«

110
Kirchenfenster

112
Der Faltstern

114
Trapunto-Tischset

116
Kordelquilting

118
Sashiko-Täschchen

Teil 5
Die Musterbibliothek

124
Musterbibliothek benutzen

126
Viererblöcke

128
Neunerblöcke

130
Unregelmäßige Blöcke

132
Muster ohne Blockeinteilung

134
Applikationsmuster

136
Log-Cabin-Blöcke

138
Log-Cabin-Variationen

140
Muster aus Streifen

142
Seminole-Muster

144
Kombination von Blöcken und Zwischenstreifen

146
Gleiche Blöcke kombinieren

150
Zusammengesetzte Randbordüren

152
Quiltmuster für Bordüren

154
Flächenmuster

156
Einfassungen und Randabschlüsse

158
Wholecloth-Quiltmotive

160
Amische Muster

162
Englische Patchworkmuster

164
Sashiko-Muster

166
Reparatur und Pflege von Quilts

170
Quiltbegriffe

174
Stichwort-
verzeichnis

176
Dank

Vorwort

Patchwork ist einfach, und Quilten macht Spaß! Alle Anfängerinnen ermutigen wir, mit Hilfe dieses Buches dies historische, schöne und äußerst befriedigende Kunsthandwerk zu erlernen, mit allen Schneide- und Nähtechniken für alle Arten von Quilts. Sind Sie bereits eine erfahrene Quilterin, so dient das Buch als Nachschlagewerk in Ihrem Atelier. Experimentieren Sie mit neuen Techniken und lassen Sie sich von den Beispielen edler, historischer Quilt inspirieren.

Die Geschichte von Patchwork und Quilt ist alt und bewegt. »Grundkurs Patchwork-Quilting« beginnt mit der Historie der Quilts, zeigt die verschiedenen Typen, vom spektakulären Baltimore-Album-Quilt bis zum modernen Seminole-Patchwork.

Teil 2 behandelt die Grundkenntnisse: Dort werden Material und Ausrüstung erklärt, die in den darauffolgenden Kapiteln benötigt werden. Es sind grundsätzliche Anleitungen gegeben, zum Beispiel für den Stoffverbrauch, das Herstellen von Schablonen, Zuschneiden, das Nähen von Hand und mit Maschine, das Zusammensetzen von Blöcken und Rändern, das Anordnen einer Quiltoberseite, das Quilten von Hand und mit Maschine sowie das Versäubern von Ecken und Kanten. Diese Techniken benötigen

Sie für den Sampler-Quilt im anschließenden Teil und für viele andere Patchwork- und Quiltmuster, ob traditionell oder modern. Der dritte Teil des Grundkurses führt Sie Schritt für Schritt voran. Sie nähen neun verschiedene Blöcke und vervollständigen sie zu einem Quilt. Jeder Handgriff ist genau beschrieben, so daß Sie die verschiedenen Blöcke, die Zwischenstreifen, sogar einen Schachbrett-Rand, ebenso das Aufzeichnen und Steppen der Quiltlinien ohne Schwierigkeiten meistern werden. Nach dieser Lektion besitzen Sie einen schönen Sampler in traditionellen Farben.

Im nachfolgenden Kapitel erweitern Sie Ihre Fähigkeiten und lernen ungewöhnliche Näh- und Quilttechniken, auch Sashiko, Trapunto, italienisches Quilten, Wholecloth-Quilten und die englische Technik. Jedesmal wird ein komplettes Stück gearbeitet.

Die Musterbibliothek beschreibt die beliebtesten Quilt- und Patchworkmuster. Wählen Sie daraus Motive für Ihr eigenes Projekt, oder fügen Sie diese Blöcke in Ihren Sampler mit ein.

Zum Schluß erfahren Sie alles Nötige über Aufbewahrung, Pflege und die Präsentation von Quilts. Mit einem Lexikon über die gebräuchlichsten Patchwork- und Quiltbegriffe schließt der Grundkurs ab.

1
Die Geschichte des Quilts

Die Geschichte des Quilts

GESCHICHTE

Die Geschichte von Patchwork und Quilts ist alt und faszinierend. Die Techniken wurzeln im Alltagsleben der Menschen, die noch die Muße hatten, Kunsthandwerk um seiner selbst willen auszuüben. Nähen zu können war eine notwendige Fertigkeit, so daß Reste von der Schneiderarbeit oder brauchbare Teile abgetragener Kleidung wiederverwendet wurden, zu einer Zeit, in der Stoff eine Kostbarkeit war. Die Menschen wärmten sich unter gesteppten Decken, Soldaten trugen gequiltete Wämser und dick gestopfte Jacken als Schutzkleidung.

Doch Menschen sind von Natur aus kreativ, Patchwork und Quilten entwickelten sich weiter, und bald tauchten neue Muster auf. Die nähenden Frauen verwendeten bestimmte Muster, die sie veränderten und verfeinerten und von Generation zu Generation weitergaben. Kunsthandwerkerinnen, Wanderarbeiter und Musterdesigner verbreiteten ihre Ideen in alle Gegenden. Manche Länder und Menschen entwickelten ihre eigenen, speziellen Techniken; ein Prozeß, der bis heute fortdauert.

Um Ihnen einen Überblick über die Grundtypen von Quilts zu geben, haben wir eine Galerie beispielhafter, historischer Arbeiten zusammengestellt, die die Fähigkeit und Vielseitigkeit unserer Vorfahren beweist.

Muscheln, Blumen und gedrehte Bänder bilden das Muster dieses Wholecloth Quilts aus dem Jahr 1935. Die Hauptmotive werden durch das schlichte, geometrische Raster des Hintergrundmusters hervorgehoben.

DIE GESCHICHTE DES QUILTS

Dieses Gemälde aus dem 19. Jahrhundert mit dem Titel »Der Hochzeitsquilt« von Ralph Hedley zeigt Frauen und Mädchen, die in einer Quiltrunde zusammen arbeiten.

WHOLECLOTH QUILTS

Die Schauseite eines Wholecloth Quilts ist nicht aus Teilen zusammengesetzt, sondern besteht aus einem Stück Stoff, der mit Quiltstichen dekoriert ist. Die Tradition des Wholecloth-Quilting geht einige Jahrhunderte zurück und war vor allem in Nordengland, Wales und Nordamerika verbreitet. Als Stoff und Wattierung wurde das Material genommen, das in den Gegenden zur Verfügung stand. Die Quiltstiche wurden meist in derselben Farbe wie der Stoff gearbeitet, obwohl gelegentlich auch Quiltgarn in Kontrastfarbe verwendet wurde. Der traditionelle Quiltstich ist ein kurzer Vorstich, der durch alle drei Lagen von Oberstoff, Wattierung und Rückseitenstoff gearbeitet wird. Er hält die Wattierung an ihrem Platz.

Die Muster auf den Wholecloth Quilts sind meist Dinge des täglichen Lebens wie Blätter, Blumen, Federn, Vogelschwingen, Schnüre, Fächer und Muscheln. Blattformen entstanden oft, indem das Bügeleisen als Schablone diente. Zuerst wurde um die eine Seite gezeichnet, dann das Bügeleisen umgedreht und dann die andere Seite des Blattumrisses markiert. Da meist in Arbeitsgruppen (Quilting Bees) gequiltet wurde, läßt sich heute schwer nachweisen, woher die traditionellen Muster stammen. Nur Einzelquilterinnen prägen ihre Arbeiten mit ihrem besonderen Stil.

AMERIKANISCHE BLOCK-QUILTS

Traditionelle amerikanische Quilts wurden oft aus quadratischen Stücken zusammengefügt. Einzelblöcke sind transportabel und lassen sich bequem stapeln, bis genügend für eine Quiltoberseite beisammen sind. Bei den frühesten Quilterinnen der Pionierzeit wurden alle Nähte per Hand ausgeführt, doch seit der Erfindung der Nähmaschine geht das Nähen bedeutend schneller. Trotzdem werden immer noch viele Quilts von Hand und in einzelnen Blöcken genäht. Die Auswahl der Blockmuster ist phänomenal, viele tragen beziehungsreiche Namen wie »Oh, Susanna«, »Gänse im Teich«, »Aufgehender Stern« und »Stufen zum Altar«.

Es war damals üblich, daß ein unverheiratetes Mädchen eine Patchwork-Oberseite nähte und in seiner Aussteuertruhe aufbewahrte. Sobald es verlobt war, kamen Freundinnen und Verwandte zusammen. Sie fügten Schauseite, Wattierung und Rückseitenstoff zusammen, spannten die Decke auf, quilteten gemeinsam und halfen so bei der Vorbereitung auf das Leben als Ehefrau.

Obwohl das Auge dem Gesamtmuster über die Quiltoberfläche folgt, wurde dieser Quilt aus Blöcken genäht. Zusammengesetzte Blöcke aus 24 Quadraten wechseln mit einfarbigen weißen Blöcken ab, auf deren Ecken kleine Quadrate appliziert wurden. Das Muster heißt »IrishChain«

DIE GESCHICHTE DES QUILTS

AMISCHQUILTS

Die Amischen nennen sich nach Joseph Amman, einem Schweizer und Vorreiter des Konservatismus. Als William Penn verfolgte Menschen dieser Gemeinschaft aufforderte, mit ihm in sein neues Land zu kommen, wanderten die Amischen der Schweiz, aus Deutschland und dem Elsaß nach Amerika aus. Noch immer halten sie sich streng an ihre Kleidungsvorschriften, Traditionen und religiösen Regeln vergangener Jahrhunderte. Die Amischen leben abseits ihrer amerikanischen Landsleute ein schlichtes Leben.

Im Hinblick auf diesen Zwang zur Einfachheit ist es leicht, die ausdrucksstarke Schönheit der Amischquilts zu erkennen. Viele sind aus unifarbenen, handgefärbten Stoffen, welche auch der traditionellen Kleidung dienen. Oft werden große Flächen in farbigem Stoff verarbeitet.
Die Quilts können einen oder mehrere Ränder haben und sind stets exquisit gequiltet, oft sogar in kontrastierendem Quiltgarn. Oft sind große Farbflächen mit schwarz abgesetzt und erhalten so eine besonders kräftige Betonung.

Die leuchtenden Farben, die mehrfachen Randbordüren und das zentrale Quadrat, das auf der Spitze steht, sind typische Merkmale von Amischquilts – exquisites Quilting schmückt jeden Abschnitt der Oberfläche.

ENGLISCHES PATCHWORK

Das englische Patchwork unterscheidet sich auffallend vom amerikanischen, hat aber eine ähnliche Geschichte. Das älteste bekannte Exemplar eines englischen Patchwork-Quilts stammt aus dem Jahr 1708. Beim englischen Patchwork werden die Stoffstücke über Papierschablonen geheftet und dann an den Kanten zusammengenäht. So sind sowohl einfache als auch sehr schwierige Muster möglich. Wie bei anderen Techniken auch, gibt es beim englischen Patchwork Unterschiede, je nachdem welche Stoffe gerade modern waren. Als man im 19. Jahrhundert aus dem Osten exotisch bedruckte Stoffe importierte, wurde daraus ebenfalls Patchwork genäht.

Als später in England billiger Stoff in Massen hergestellt wurde, änderte sich auch das Aussehen der Quilts.

Während der langen Regierungszeit Königin Viktorias wurde Patchwork aus unifarbenen Seidenstoffen sehr populär. Besonders in Mode waren die Muster »Raute« und »Sechseck«. Englisches Patchwork ist für Soziologiehistoriker aufschlußreich, denn oft wurden die Musterkollektionen von Webereien verarbeitet. Das Papier für die Schablonen waren manchmal Briefe, Seiten aus Kassenbüchern und Büchern – eine unschätzbare Quelle, wenn man die Papierstücke aus unvollendeten Quiltoberseiten zusammensetzt.

Die leuchtenden, unifarbenen Stoffe und das geometrische Design dieses Quilts aus dem Ende des letzten Jahrhunderts sind typisch für englisches Patchwork.

DIE GESCHICHTE DES QUILTS

Dieses Rot, das für den Quilt aus der Jahrhundertwende benutzt wurde, ist als Türkischrot bekannt und war eine der beliebtesten Farben für Quilts mit schlichten Applikationen.

APPLIKATIONSQUILTS

Applikationen umgeben uns seit vielen Jahrhunderten. Vom alten Ägypten bis zur Neuzeit wurden Applikationen dazu benutzt, schadhafte Stellen zu bedecken oder Kleidung und Vorhänge zu verzieren. Traditionelle Applikationen, die für Quilts Verwendung fanden, bestanden aus Naturmotiven. Beliebt waren zum Beispiel Blütenblätter, Blätter, Beeren, Tiere oder Federn, die in ansprechendem Arrangement entweder bei untergeschlagenen Schnittkanten mit unsichtbaren Stichen aufgenäht oder mit einem hübschen Zierstich festgehalten wurden.

Ganz frühe Applikationsquilts zeigen ein schlichtes Farbspektrum, vielleicht ein oder zwei kräftige Farben auf weißem Grund. Manche dieser Quilts nannte man »Türkische Quilts«, denn eine spezielle rote Farbe, das Türkischrot, war eine Zeitlang sehr beliebt. Eine andere Applikationsart hieß »Crazy«: Verschiedene, unregelmäßige Stoffstücke, oft aus Samt oder anderen Modestoffen, wurden mit Zierstichen aufgenäht, dazu mit Bändern und patriotischen Aussprüchen geschmückt. Auch die Persische Applikation war eine Weile in Mode. Dazu werden Motive bedruckten Stoffs ausgeschnitten, auf Hintergrundstoff neu arrangiert und appliziert, manchmal noch zusätzlich mit Stickerei ausgeschmückt.

Ein umwerfend schönes Beispiel eines Baltimore Album Quilts mit sehr komplexen und akkurat ausgeführten Motiven, typischen Girlanden, Vasen voller Blumen und mehreren Varianten des amerikanischen Adlers

ALBUM QUILTS

Albumquilts oder Freundschaftsquilts sind ein ganz spezieller Quilttyp, der in Amerika entstanden ist. Ursprünglich wurden Freundschaftsquilts als Geschenk genäht, etwa zur Hochzeit oder wenn jemand umzog. Solche Quilts waren grundsätzlich aus Blöcken zusammengesetzt, doch bei echten Albumquilts hat jeder Block ein anderes Muster und wurde meist auch von jeweils einer anderen Frau genäht. »Weihnachtskaktus« und Körbchenblöcke waren die bevorzugten Motive, manchmal wurden dreidimensionale Blüten eingearbeitet, sehr oft waren die Details von atemberaubender Detailtreue. Farben und Muster wurden sorgfältig ausgewählt, so daß der fertige Quilt ein harmonisches Ganzes wurde. Vielfach waren die Hauptfarben Rot und Grün auf weißem

DIE GESCHICHTE DES QUILTS

SEMINOLE-PATCHWORK

Die Seminole-Indianer Floridas haben ganz typische Patchworkmuster für Bordüren aus Stoffstreifen entwickelt. Diese Streifentechnik entstand etwa um 1800, als Nähmaschinen auch dort erhältlich waren.

Zwei oder mehr lange Stoffstreifen werden an den Längsseiten zusammengenäht und dann in Querstücke geteilt. Legt man diese Querstücke neu kombiniert oder versetzt aneinander, so bilden sich interessante, zum Teil sehr komplexe Bordürenmuster.

Die Seminole-Indianerinnen verwenden diese Bordüren als Verzierung für Kleidungsstücke, doch kann man auch sehr dekorative Quilts daraus nähen.

Viele verschiedene geometrische Muster zeigt dieses beeindruckende Beispiel eines Seminole-Patchworks. Der Quilt ist mit wenigen leuchtenden Unifarben genäht und durch die schwarze Randbordüre effektvoll betont.

Grund. Manchmal waren die Namen oder Initialen der Näherinnen auf die Blöcke gestickt.

Die aufregendsten Albumquilts entstanden in der Gegend von Baltimore, deshalb nennt man diese Art auch Baltimore-Albumquilts. Echte Baltimore-Albumquilts stehen hoch im Wert und sind sehr begehrt. Noch immer werden Albumquilts genäht, oft als Gemeinschaftsarbeit.

Die stachelige Pflanze auf diesem hawaiianischen Applikationsquilt ist aus Unistoff ausgeschnitten, auf weißen Hintergrund genäht und ist ein typischer Kapa-Lau-Quilt aus Hawaii.

HAWAIIANISCHE APPLIKATION

Auf Hawaii hat sich eine völlig eigenständige Art von Quilts entwickelt, die Kapa-Lau-Quilts. Ein großer, sorgfältig zugeschnittener, einfarbiger Stoff wird auf einen schlichten Hintergrund genäht. Amerikanische Missionarsfrauen zeigten den Eingeborenen, wie man aus Papier einfache Faltschnitte mit Blüten- oder Schneeflockenmotiven schneidet. Das aufgefaltete Papier diente dann als Schablone für den Applikationsstoff. Schon bald wurden eigene, individuelle Muster erfunden, die größer und größer wurden. Manche Frauen nahmen die verschwenderische Fülle der Pflanzen des Inselparadieses zum Motiv wie Ananas, Brotfruchtbäume, Farne und Palmen. Nachdem das Motiv ausgeschnitten ist, wird es auf den Hintergrundstoff geheftet und mit sorgfältig nach unten geschlagenen Schnittkanten festgenäht. Dies ist eine sehr zeitraubende Angelegenheit, denn manche Motive sind stark verzweigt. Ist die Applikation vollendet, wird die verbleibende Hintergrundfläche mit Echoquilting gesteppt.

DIE GESCHICHTE DES QUILTS

TRAPUNTO-QUILTING

Trapunto oder gestopftes Quilting ist eine spezielle Technik, bei der zwei Stofflagen in Musterlinien aufeinandergenäht werden. Diese in sich geschlossenen Muster werden anschließend ausgestopft. Das Ausstopfen erfolgt durch die Rückseite, deren Stoff entweder sehr lose gewebt ist oder durch einen kleinen Schnitt geöffnet wird, der später wieder zugenäht wird. Solche reliefartigen Oberflächen findet man oft auf religiösen Gewändern.

Im 18. und 19. Jh. wurden Trapunto-Quilts ganz normal gequiltet, doch zur Verzierung wurde eines der Motive oder das Medaillon noch zusätzlich ausgestopft.

Dieser Quilt zeigt eine sehr attraktive Kombination von Applikation in dezenter Farbskala und schönem Quilting. Die Randbordüre mit den Weintrauben bildet einen feinen Rahmen um das zentrale Motiv.

ITALIENISCHES QUILTEN

Italienisches Quilten, auch Kordelquilten genannt, entsteht, indem man durch genähte Kanäle zwischen zwei Stofflagen Kordeln zieht. Diese Kordeln bilden eine Reliefoberfläche. Trotz ihres Namens entstand diese Technik nicht in Italien. Kordelquilting wurde auf vielen Textilfunden in Asien, im Orient und in Europa entdeckt. Kunstvolle Beispiele aus dem 18. und 19. Jahrhundert blieben in England erhalten.

Lineare Muster bieten sich zum italienischen Quilten besonders gut an, doch Sie können es so fein oder so grob gestalten, wie Sie möchten. Moderne Quilterinnen haben viel experimentiert und sowohl feinstes Garn wie auch dicke Seile benutzt. An die Stelle des Stoffs traten auch Leder oder Tüll.

Diese Mütze mit Kordelquilting stammt aus dem frühen 20. Jhdt. und wurde in Nordindien gefertigt. Die Kenntnis der Techniken reicht viele Generationen zurück.

2
Die Grund-kenntnisse

DIE GRUNDKENNTNISSE

Woraus ein Quilt besteht

Einen traditionellen Quilt zu nähen, ist keine Arbeit, die man rasch erledigen kann, und gerade das macht den Reiz aus. Man arbeitet sich durch verschiedene Stadien vom Zuschneiden, Zusammensetzen, Montieren und Quilten bis zum Einfassen des Randes. Die meisten Arbeitsschritte laufen logisch ab, und auf den folgenden Seiten lernen Sie sie alle kennen. Gelegentlich ist der eine oder andere Arbeitsschritt nicht nötig – zum Beispiel müssen Sie keine Schablonen anfertigen, wenn Sie mit gekauften Schablonen arbeiten, aber generell wird jeder Schritt beschrieben.

Vor allem müssen Ihnen die Fachausdrücke geläufig sein, die Quilterinnen benutzen. Wie alle Handwerksbereiche hat auch das Quilten sein spezielles Vokabular. Begriffe wie Montieren, Wattieren, Zusammensetzen, Zwischenstreifen, Blockanordnung und Quiltoberseite hören sich für Neulinge etwas befremdlich an, doch Sie werden sich schnell daran gewöhnen. Auf diesen Seiten zeigen wir Ihnen die geläufigsten Bezeichnungen für die verschiedenen Teile eines Quilts und die dazugehörige Erklärung. Diese Begriffe werden hier im Buch durchgängig benutzt.

*Die **Einfassung** ist der äußerste Rand des Quilts und versäubert alle offenen Kanten. Sie trägt viel zum Gesamteindruck bei. Es gibt verschiedene Möglichkeiten, einen Quilt einzufassen (siehe Seite 98).*

*Ein **Block** ist ein Teilstück der Oberseite, der als regelmäßige Form erscheint, meist als Quadrat. Traditionelle Quilts sind oft aus vielen Einzelblöcken zusammengesetzt, entweder immer die gleichen oder unterschiedliche. In unserem Samplerquilt werden neun verschiedene, quadratische Blöcke gearbeitet.*

***Zusammensetzen** oder **Patchwork** ist die Bezeichnung, wenn Stoffteile in bestimmten Formen zugeschnitten und in dekorativer Anordnung aneinandergenäht werden.*

*Das **Montieren** hält die drei Lagen des Quilts zusammen, bis er gequiltet ist. Zum Montieren wendet man große Heftstiche an, die gitterförmig die ganze Fläche bedecken (siehe Seite 52).*

*Der **Rückseitenstoff** vollendet die Unterseite eines Quilts, die Wattierung ist zwischen Rückseitenstoff und Quiltoberseite eingebettet.*

WORAUS EIN QUILT BESTEHT

Im **Quiltrahmen** wird der Quilt eingespannt und hält die Arbeit während des Quiltens straff. Es gibt sehr große Rahmen, in denen ein ganzer Quilt aufgespannt sein kann, oder kleinere Rahmen, in denen jeweils ein einzelner Bereich bearbeitet werden kann (siehe Seite 54).

Quilten ist das Steppen mit feinen Vorstichen durch alle drei Lagen eines Quilts (Oberseite, Wattierung und Rückseite). Das Quilten verleiht der Arbeit Struktur und Schmuck. Man kann von Hand oder mit Maschine quilten (siehe Seite 96).

Die **Randbordüre** bildet einen dekorativen Rahmen, entweder aus einfachem Stoff oder aus zusammengesetzten Teilen, der um die ganze Quiltmitte führt. Ränder dieser Art werden aus einem oder mehreren Stoffen gearbeitet, unifarben oder gemustert (siehe Seite 150). Hier sehen Sie einen einfarbigen, schlichten Rand mit Quiltmuster.

Zwischenstreifen trennen die einzelnen Blöcke voneinander. Manche Patchworkmuster werden ohne Zwischenstreifen aneinandergesetzt, wodurch oft ein neues, übergeordnetes Design erkennbar wird (siehe Seite 38).

Die **Wattierung** gibt dem Quilt Fülle, Struktur und Festigkeit. Es gibt für die verschiedenen Einsatzbereiche vielerlei Füllmaterial zu kaufen (siehe Seite 52).

Obwohl es jede Menge Spezialwerkzeuge für Quilterinnen zu kaufen gibt, ist als Grundausrüstung nicht viel nötig. Die meisten Arbeiten wie Schablonen schneiden, Stoff zuschneiden und können mit den haushaltsüblichen Nähutensilien bewältigt werden. Wenn Sie gerade anfangen, Patchwork zu nähen, dann besorgen Sie sich die Ausrüstungsgegenstände, die in der untenstehenden Liste mit einem Punkt gekenn-

DIE GRUNDKENNTNISSE

Das Handwerkszeug

zeichnet sind. Sie sind für alle Projekte dieses Buches ausreichend. Wenn Sie aber Ihre Fähigkeiten verbessern möchten, besorgen Sie sich spezielles Zubehör, denn es erspart Ihnen Zeit beim Zuschneiden und Nähen.

▶ **Grundausrüstung Nähmaterial**

- **1** große Stoffschere
- **2** kleine, spitze Stickschere
- **3** Auswahl von Nähnadeln
- **4** Quiltnadeln
- **5** Fingerhüte
- **6** Sicherheitsnadeln
- **7** Maßband
- **8** Baumwoll- oder Polyesternähgarn
- **9** Heftfaden bzw. Reihgarn
- **10** Quiltgarn
- **11** Stecknadeln, vorzugsweise mit Glasköpfen (man sieht sie leicht, und sie können auch mal überbügelt werden)
- **12** extra feine Stecknadeln für Seide und Satin
- **13** Flachkopfstecknadeln (nützlich beim Maschinennähen, der Nähfuß bleibt nicht daran hängen)
- **14** Bienenwachs in der Hülle

Ohne Abb.:
Nähmaschine mit Oberstofftransport
Daumenfingerhut

DAS HANDWERKSZEUG

◀ **Grundausrüstung Zeichenmaterial**
- **1** *Bleistift*
- **2** *Anspitzer*
- **3** *Radiergummi*
- **4** *langes und kurzes Lineal (30 und 60 cm / 12 und 24 in)*
- **5** *Buntstifte oder Filzstifte*
  - **6** *Geodreieck*
  - **7** *Winkelmesser*
  - **8** *Karopapier*
  - **9** *Zirkel*

▼ ▶ **Rahmen**
- *Quiltrahmen (Sie benötigen nur eine Sorte, entweder rund, oval, groß mit Holmen oder Ständer oder Rahmen in voller Quiltgröße)*

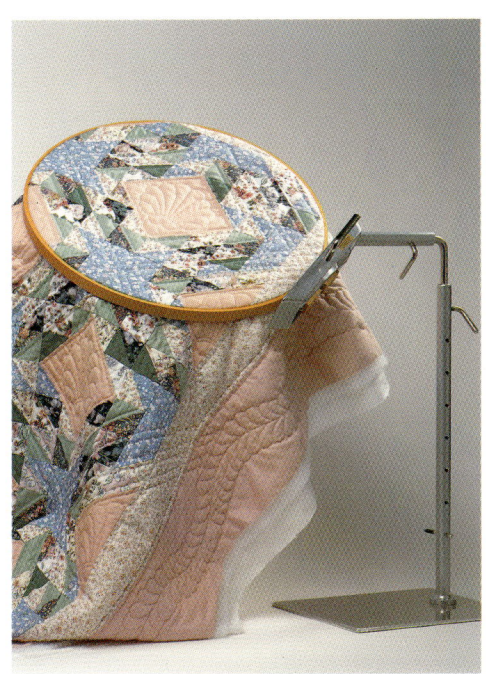

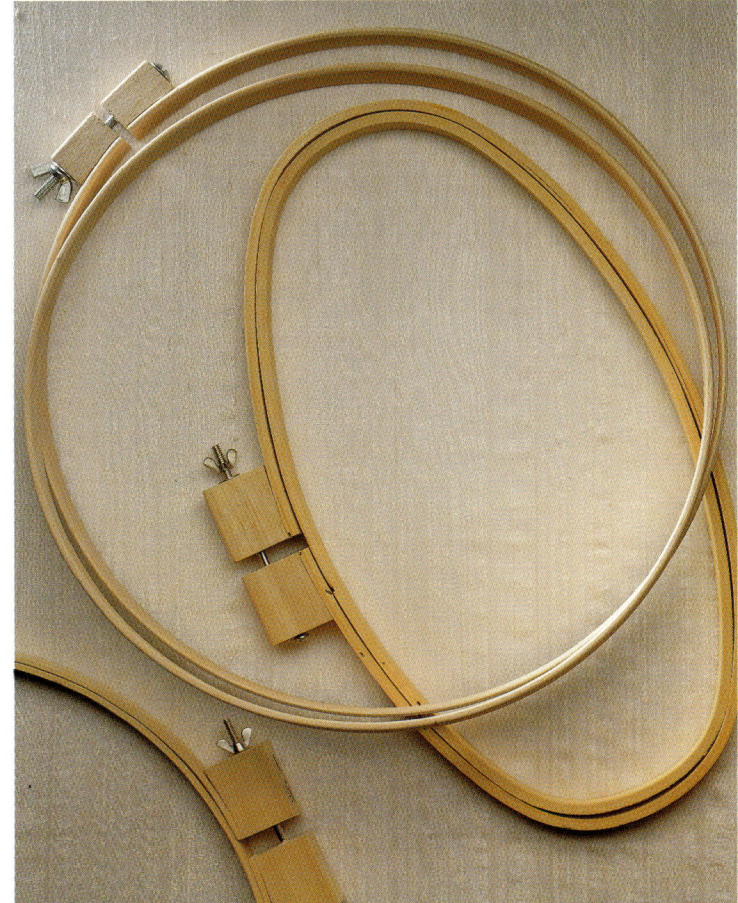

◀ **Schablonen und Schablonenmaterial**
- **1** Karton
- **2** glattes Schablonenplastikmaterial
- **3** Schneidemesser
- **4** Papierschere
  5 Isometriepapier
  6 Polarkoordinatenpapier
  7 Quiltschablonen mit verschiedenen Motiven
  8 Schablonenplastik mit aufgedruckten Rasterlinien
  9 Fensterschablonen, um bestimmte Stoffmuster exakt in der Schablonenmitte zu positionieren.

Ohne Abb.:
Patchworkschablonen in verschiedenen Formen

▶ **Material zum exakten Zuschneiden von Stoff**
- **1** Rollschneider
- **2** Schneidematte mit »selbstheilender« Oberfläche und Rasterlinienaufdruck
  3 kleine Stücke von Schmirgelpapier (an den Ecken der Unterseite von Linealen und Schablonen verhindern sie das Verrutschen)
  4 45°- Dreiecks-Kaleidoskop-Lineal
  5 »Omnigrid«-Lineal (für viele Schabl. nützlich)
  6 »Multi Miter«, Hilfslineal für diagonale Ecken
  7 »Scrapsaver«-Lineal zum Zuschneiden kleinster Stoffreste
  8 »BiRangle, zum diagonalen Halbieren von Rechtecken
  9 »Magic Star« für achtzackige Sterne
  10 Quiltlineal (groß)
  11 keilförmiges Lineal

Ohne Abb.:
großer Rollschneider
»Cut-and-Sew«-Lineal
»Easy Angle« für exakte Dreiecke,
Lineale mit Anlegekante,
»Pineapple-Lineal« (ist in 45°-Abschnitte eingeteilt).
»Salem-Lineal« zum Zugeben der Nahtzugabe an Schablonen und Stoffteilen.

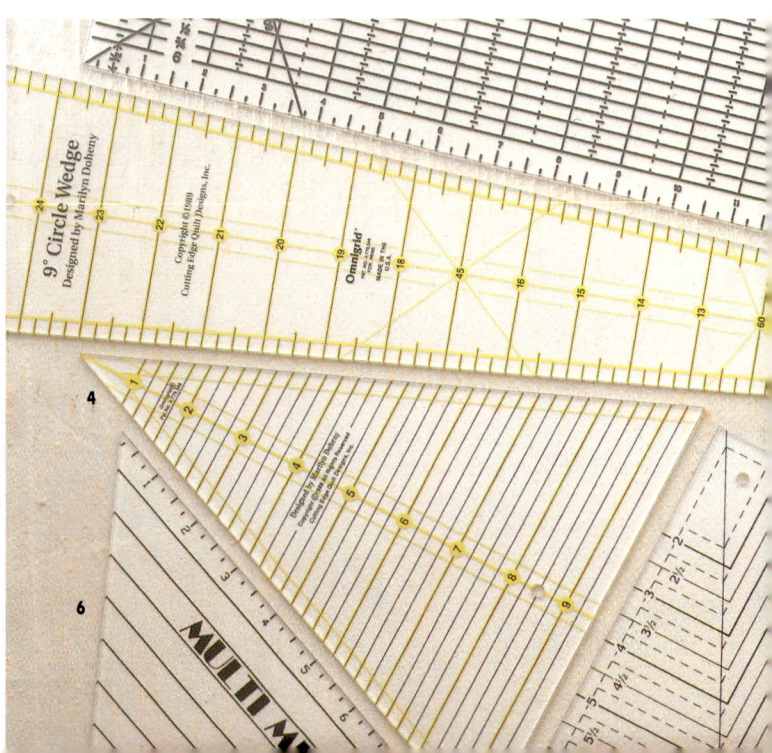

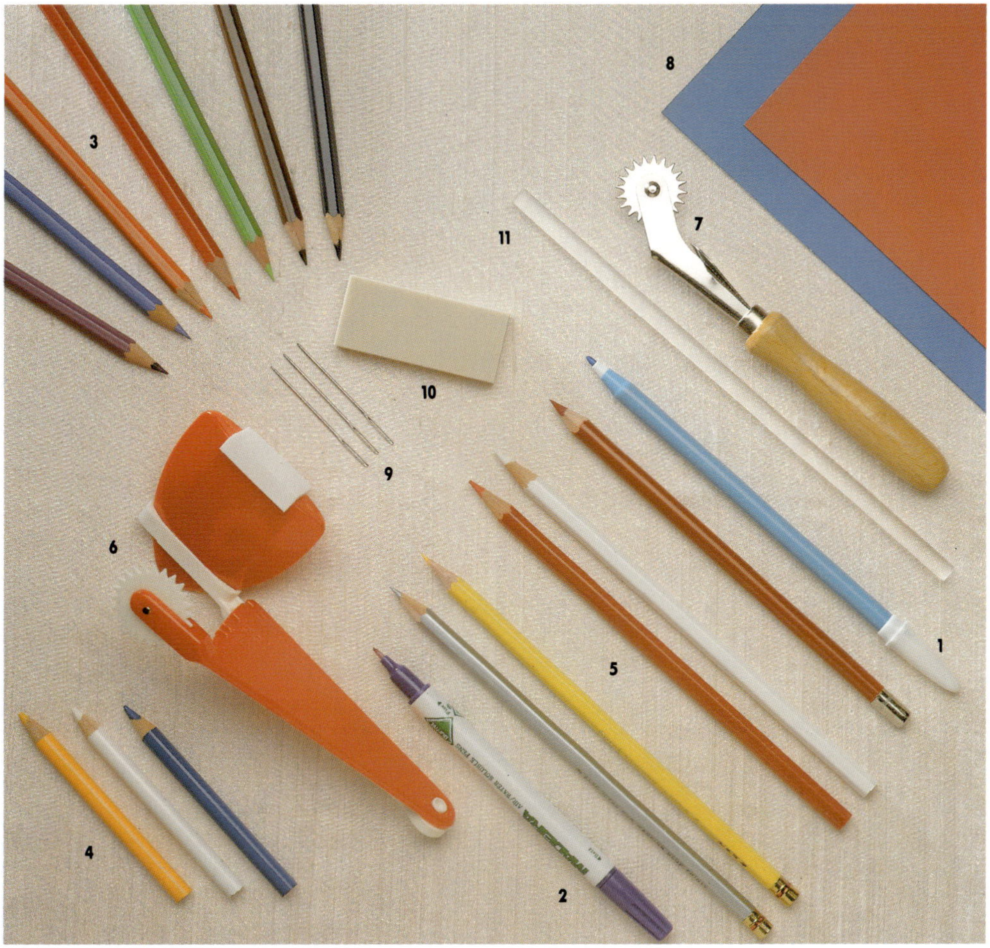

DAS HANDWERKSZEUG

◄ **Material zum Markieren von Stoffen**

- **1** wasserlösliche Tintenstifte (die Farbe kann mit kaltem Wasser ausgewaschen werden.
- **2** »Zauberstift« (dessen Farbe mit der Zeit von selbst verschwindet)
- **3** Buntstifte
- **4** Stoffmalfarben
- **5** Transferstift (dessen Farbe durch Bügeln auf Stoff übertragen werden kann)
- **6** Kopierrädchen mit Kreidebehälter
- **7** Kopierrädchen, um Schnitte durchzurädeln
- **8** Schneiderkopierpapier (in verschiedenen Farben erhältlich)
- **9** Stopfnadeln, stumpf
- **10** Stoffradierer (um weiche Bleistiftlinien vom Stoff zu entfernen)
- **11** »Quilter's Quarter«, ein Stäbchen, mit dem man entlang gerader Linien 5 mm als Nahtzugabe zuzeichnet.

29

Einst, in den frühen Patchworkzeiten wurde der Stoff verwendet, der verfügbar war. Meist waren dies die noch erhaltenen Teile von abgetragener Kleidung oder Bettzeug. Dies ist der eigentliche Ursprung dieser Handwerkskunst. Patchwork wurde aus der Not heraus geboren, als Stoff noch teuer und Sparsamkeit angesagt war. Heute kaufen sich die meisten den Stoff für ihr Patchworkprojekt neu, und die Auswahl ist groß:

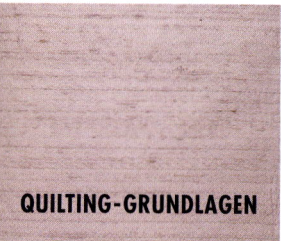

QUILTING-GRUNDLAGEN

Wahl der Stoffe

◀ **Baumwolle**
Dies sind reine Baumwollstoffe in verschiedenen Stärken. Baumwollstoffe gibt es in unzähligen Druckmustern oder Unifarben. Sie sind die idealen Patchworkstoffe. Mercerisierte Baumwolle und Chintz haben eine glänzende Oberfläche, die in schlichten, reich gequilteten Flächen einer Decke sehr schön aussieht. Jedoch verlieren die Stoffe beim Waschen ihren Glanz, und das Quilten ist etwas mühsam.

Wolle, Baumwolle, Synthetik und besondere Materialien wie Lamé, Fell, Plastik und Leder. Außerdem gibt es viele dieser Stoffe in großer Farbauswahl, Musterung und Struktur, was Ihnen die Wahl zur Qual werden lassen kann. Wie können Sie entscheiden, ob Sie Unistoffe oder gemusterte nehmen sollen? Groß- oder kleingemustert? Sollen Sie verschiedene Qualitäten mischen?
Es mag wie eine Binsenweisheit klingen, aber Sie müssen als erstes überlegen, ob Ihr Quilt gewaschen werden muß oder nicht. Planen Sie einen Quilt für Ihr Bett, einen Kissenbezug oder ein Kleidungsstück, so muß er irgendwann gewaschen werden. Sie benötigen also waschbares Material. Hier ist leichte, reine Baumwolle am geeignetsten. Sie hält die Form, ist waschbar, und beim Quilten kann man gut durch alle Lagen stechen. Baumwollmischfasern gibt es zwar in vielen schönen Unitönen, doch lassen sie sich nicht sonderlich gut verarbeiten. Sie rutschen leicht, scheinen durch und sind schwieriger zu quilten.
Alle Stoffe müssen im warmem Wasser auf Farbechtheit geprüft und vorgewaschen werden. Helle und mittlere Farbtöne waschen Sie in der Maschine, die dunklen färben oft und sollten separat gewaschen werden. Spülen Sie die Stoffe so lange, bis das Wasser klar bleibt. Läuft nach sechsmaligem Spülen noch immer Farbe aus, werfen Sie den Stoff weg, er könnte viele Ihrer Arbeitsstunden zunichte machen, sobald Ihr fertiges Werk gewaschen wird. Wenn die Stoffe wieder trocken sind, prüfen Sie den Fadenlauf. Die sichtbaren Längs- und Querfäden (Kette und Schuß)

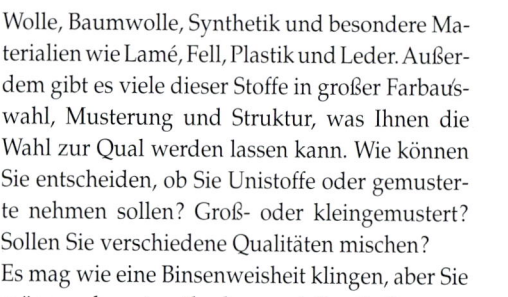

◀ **Baumwollmischfaser**
Diese Stoffe sind zwar schön, haben aber nicht die Festigkeit oder Dichtheit von reiner Baumwolle.

◀ **Polyesterstoff**
Viele dieser Synthetikstoffe sind für Patchwork ungeeignet, denn sie rutschen und sind dünn gewebt. Doch manche kräftigen Kunstseiden ergeben in Patchworkarbeiten einen sehr schönen Effekt

◀ **Satin**
Satin hat einen wunderschönen Glanz und wirkt zum Beispiel in einem »Bleiglasfenster«-Patchwork sehr stark.

WAHL DER STOFFE

sollten im rechten Winkel liegen. Wenn nicht, ziehen Sie den Stoff diagonal, um den Fadenlauf zu korrigieren. Wenn Sie alle Ihre Stoffe gleich nach dem Einkauf waschen und bügeln, so können Sie immer gleich zuschneiden und nähen, sobald Sie eine Idee haben.

Manche Sorten von Seiden und Satin kann man waschen, manche müssen chemisch gereinigt werden. Erkundigen Sie sich bereits beim Einkauf danach, und verarbeiten Sie nicht beide Arten in einem Quilt. Grundsätzlich ist es besser, in einem Quilt nur eine Stoffart zu verwenden, zum Beispiel nur Baumwolle oder nur Seide, es sei denn, Stoffmix wäre für einen speziellen Effekt extra geplant. Wünschen Sie Seidenglanz ohne hohe Kosten und Waschprobleme, so ist Kunstseide eine Alternative.

Wenn Sie ein Projekt planen, das nicht gewaschen werden muß, können Sie jeden Stoff verwenden. Dickes Leinen oder Segeltuch und Twill sind in der Regel zu dick, um sich noch gut quilten zu lassen. Andererseits sind zarte Wollstöffchen zu fein und zu dünn gewebt. Trotzdem gibt es genügend Stoffe für Experimente. Ein Lamèstückchen hier und da liefert ein wunderbares Glitzern. Tüll und Voile kann man über andere Stoffe legen und so neue Farbtöne kreieren, Fell und Leder ergeben realistische Tiere für einen Kinderquilt. Exotische Seiden, Satins und Samte sind das Richtige für viktorianische Crazy-Quilts.

◄ **Seide**
Seide gibt es in unterschiedlicher Stärke, Dichte, Farbe und Textur. Dichtgewebte Seide ist für Patchwork eher geeignet, feine rutscht sehr. Manche Seiden sind sehr effektvoll gewebt, die Kette hat eine andere Farbe als der Schuß, und so changiert der Stoff in diesen beiden Farben.

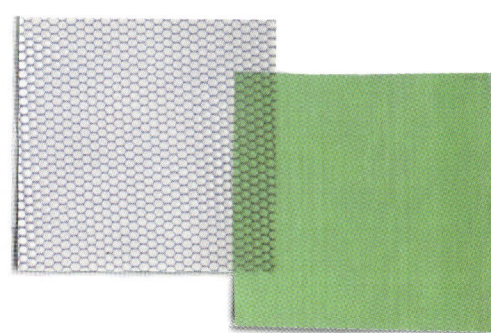

◄ **Tüll und Voile**
Zum Patchworknähen sind diese Stoffe zu dünn, ergeben aber interessante Effekte, wenn man sie über andere Stoffe legt.

◄ **Metallicstoffe**
Metallicstoffe bestehen teilweise oder ganz aus Synthetik und sind in berauschenden Variationen auf dem Markt. Man kann sie in konventionelles Patchwork einarbeiten, und auf Jacken oder Abendtäschchen ergeben sie einen schönen Effekt. Sie haben aber die Nachteile aller Synthetikstoffe. Metallicstoffe fallen sehr auf, übertreiben Sie es also nicht.

FADENLAUF

Guter Stoff sollte entlang der Webkante einen geraden Fadenlauf haben. Prüfen Sie dies vor dem Kauf, andernfalls könnten sich Ihre Stoffstücke verziehen. Schablonen sollten immer im geraden Fadenlauf angelegt werden. In Geweben mit Leinenbindung, wie den Baumwollstoffen, ist der Längsfadenlauf die Kette, die Fäden, die im Winkel von 90° quer gewebt werden, sind der Schuß.

QUILTING-GRUNDLAGEN

Wahl der Farben

Haben Sie sich für ein Patchworkmuster entschieden, stellt sich die nächste Frage nach der Farbe. Vielleicht möchten Sie zu einem Gegenstand in Ihrer Wohnung einen Kontrast herstellen, das hat Einfluß auf die Hauptfarbe Ihres Patchworks. Vielleicht soll das Patchwork ein bestimmtes Gefühl vermitteln, zum Beispiel etwas Farbensprühendes oder einen weichen und sanften Effekt. Oft ergeben sich passende Farbschemata aus dem Patchworkmuster selbst. Trotzdem kann es vorkommen, daß Sie überhaupt keine Vorstellung von Farben haben und vor einer großen Leere stehen. In diesem Fall macht es Spaß, sich ein eigenes Farbschema auszuarbeiten. Manche Farben passen von Natur aus gut zusammen, vor allem, wenn sie die gleiche Farbrichtung haben. Zum Beispiel paßt ein Blau mit leichtem Grünstich besser zu den Farben, die in Richtung Gelb auf dem Farbkreis liegen. Grünlich-Blau harmoniert also gut mit Gelb und Cremefarben. Genauso richtet sich ein Blau mit Lilaton mehr nach den Rosatönen, denn beide bewegen sich im Farbkreis zum Rot. Manche Farben vibrieren nebeneinander und stoßen einander ab, wie zum Beispiel die Komplementär-

◀ **Eine Farbe**
Obwohl wir den Farbkreis in sechs Grundfarben aufteilen – Rot, Orange, Gelb, Grün, Blau, Lila – gibt es von jeder Farbe unzählige Abstufungen und Farbtöne. Hier sind alle Stoffe grün, doch wird die enorme Vielfalt deutlich – von Giftgrün bis zu dunklem Oliv.

◀ **Hell-Dunkel**
Alle Farben reichen von dunkel bis blaß. Die Helligkeit oder Dunkelheit wird als Farbwert bezeichnet. Versuchen Sie, Farben verschiedener Hell-Dunkel-Werte in Ihrem Block zu verarbeiten, andernfalls könnte er fade und spannungslos wirken.

FARBKREIS

Schon ein einfacher Farbkreis wie dieser hilft, die Beziehung der Farben untereinander zu verstehen. Nahe beieinander liegende Farben, etwa Blau und Lila, harmonieren, denn sie gehören zur gleichen »Familie«. Rechts außen sehen Sie Komplementärfarben, die einander auf dem Farbkreis gegenüberliegen. Sie kontrastieren stark: Verwenden Sie sie daher sparsam zusammen, außer Sie wollen einen besonders auffallenden, dramatischen Effekt erzielen.

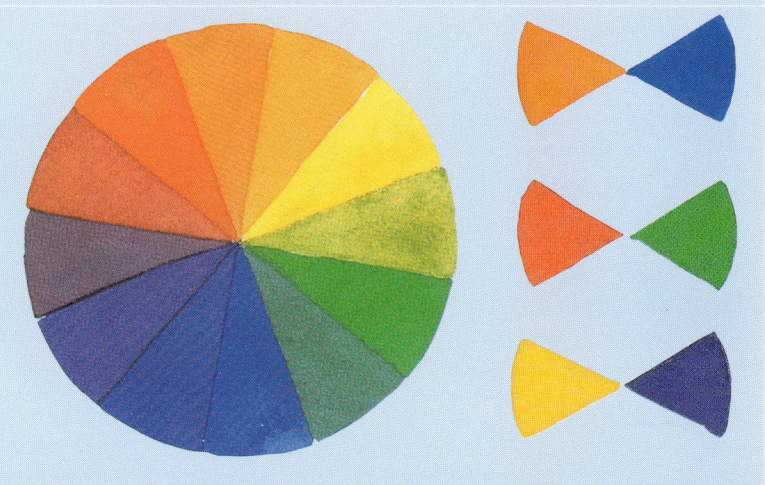

WAHL DER FARBEN

farben, die einander im Farbkreis gegenüber liegen: Grün und Rot; Lila und Gelb: Orange und Blau. Im Farbkreis näher beisammen liegende Farben können sich beißen, wie etwa Rot und Braunrot, Lila und Türkis oder Blau und Gallegrün, ergeben aber einen spannungsreichen Effekt.

Wenn Sie ein völlig neues Farbschema entwickeln, besuchen Sie ein Stoffgeschäft mit einer großen Auswahl von Unistoffen und wählen Sie zwei oder drei aus, die Ihnen in der Zusammenstellung gut gefallen. Treten Sie zurück und betrachten Sie den Gesamteindruck. Wird eine Farbe von den anderen »erschlagen«, wählen Sie eine neue, so lange, bis Ihnen die Auswahl gefällt.

◀ **Dynamisch**

Rot und Grün, das stärkste Farbenpaar der Komplementärfarben, bilden kräftige Kontraste, die in kleinem Umfang sehr effektvoll wirken können. Sie können den Kontrast mildern, indem Sie den Anteil der Farben variieren oder neutrale Farben dazwischensetzen.

◀ **Dramatisch**

Manche Farben beißen sich, können aber sehr dramatisch wirken. Giftgrün und Türkis passen nicht gut nebeneinander, können aber erfolgreich benutzt werden, wenn sie durch eine andere Farbe getrennt werden, etwa durch einen Pfirsichton.

◀ **Harmonisch**

Hier sind Rosa und Malve mit sanftem Schiefergrau kombiniert. Der Effekt ist sehr harmonisch, da alle Farben ineinander übergehen. Solche Farben verleihen einem Bettquilt einen freundlichen, ländlichen Stil.

◀ **Neutral**

Neutrale Farben sind jene, die nicht aus den reinen Farben des Farbkreises gemischt werden: Schwarz, Weiß, Creme, Braun, Beige, Dunkelgrau, Schlammgrün etc. Alle neutralen Farben können in Patchwork effektvoll benutzt werden, besonders als Hintergrund und um die übrigen Farben zu betonen.

Manche Stoffe, wie Damast, haben gewebte Muster, doch scheint dies auf die Stoffeigenschaften Einfluß zu haben, besonders auf die Textur. Wenn Sie also gemusterte und unifarbene Stoffe in einem Patchwork verarbeiten möchten, wählen Sie Stoffe mit aufgedrucktem Muster. Diese Druckmuster können groß oder klein sein, zufällig oder geometrisch verteilt. Manche Stoffe weisen einzelne Motive auf, die ausgewählt und

Kleinbedruckte Stoffe wirken gut im Wechsel mit schlichten Blöcken und sehen gemütlich aus.

Gemustert und uni

QUILTING-GRUNDLAGEN

an geplanten Stellen Ihrer Arbeit eingesetzt werden können. Patchworkmuster, die ausschließlich in unifarbenen Stoffen gearbeitet sind, können langweilig wirken, doch sobald ein oder zwei Drucke vorkommen, hat die Arbeit Pfiff und sieht lebendig aus. Natürlich können Sie viel mehr als einen Druckstoff verarbeiten, sogar den ganzen Quilt, wenn Sie die Stoffe sorgfältig zusammenstellen. Die Faustregel ist: keine auffälligen Muster, die sich gegenseitig Konkurrenz machen oder die Nahtlinien optisch verzerren.

Gestreifte Stoffe ergeben ganz besondere Effekte. Achten Sie aber darauf, daß gedruckte Streifen genau im Fadenlauf liegen, sonst könnte man meinen, Sie hätten die Stoffteile schief geschnitten. Verläuft das Muster schief, schneiden Sie entlang des Streifens, nicht im Fadenlauf.

▲ **Kleine Drucke**
Kleine Druckmuster über die ganze Fläche sind für Patchwork besonders gut geeignet. Sie strengen das Auge nicht an und wirken doch lebendig.

Große Flächen von Unistoffen fesseln den Blick und wirken sehr unmittelbar.

GEMUSTERT UND UNI

◀ **Großflächige Drucke**

Großflächige Druckmuster müssen sehr vorsichtig verwendet werden, um noch gut zu wirken. Liegen mehrere große Muster nebeneinander, gehen die Patchworkformen unter.

◀ **Streifenstoffe**

Gestreifte Stoffe können unauffällig oder sehr komplex sein, angefangen beim zweifarbigen, regelmäßigen Streifen bis zu vielfarbigen Streifen in wechselnder Folge.

EINZELMOTIVE ODER FLÄCHEN

Vielleicht möchten Sie das Detail eines Stoffes verwenden – etwa ein einzelnes Motiv. In dem Fall benötigen Sie eine durchsichtige Schablone, die Sie genau plazieren können. Diese Technik ist zwar unvermeidlich mit Stoffverschwendung verbunden, führt aber zu sehr beeindruckenden Ergebnissen.

Stoff für einen Quilt zu kaufen kann eine recht kostspielige Angelegenheit werden. Bestimmt möchten Sie sicher gehen, daß die ausgewählten Stoffe wirklich gut zusammenpassen, bevor Sie große Mengen kaufen. Einen einzelnen Block farbig auszumalen gibt Ihnen zwar die Sicherheit, daß Ihr Farbschema gut aussieht, aber sobald Sie eine bestimmte Vorstellung haben, müssen Sie in Stoff arbeiten. Am besten legen Sie einen Muster-

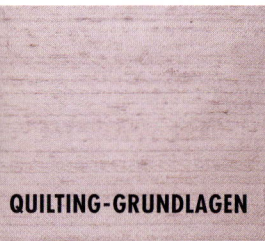

QUILTING-GRUNDLAGEN

Der Entwurf

block aus zugeschnittenen Stoffteilen vor sich hin. Können Sie dafür auf einen wohlgefüllten Stoffschrank zurückgreifen, müssen Sie noch nichts kaufen. Wenn doch – die meisten Stoffgeschäfte verkaufen auch kleine Stoffmengen. Legen Sie die Stoffe so lange um, bis Ihnen Farbe und Farbwerte ausgewogen erscheinen. Wenn ein Stoff nicht dazu paßt, ersetzen Sie ihn.

Benötigen Sie eine Farbe, die sich in die vorhandenen gut einfügt, machen Sie sich einen Farbfächer. Kleben Sie Streifen Ihrer Stoffe auf dünne Pappe und schneiden Sie direkt am Stoff ab, so daß nichts von der Pappe übersteht. So können Sie Ihre Farben direkt am Stoffballen miteinander vergleichen. Verbinden Sie die Fächerteile in der Ecke mit einer Sicherheitsnadel oder ziehen Sie einen Ring durch ein eingestanztes Loch.

Hier sehen Sie einige dieser Vorschläge. Alle dieser Neunerblöcke sind das »Churn-Dash«-(Butterfaß)-Muster und haben dieselbe Größe. Sie sehen, daß jeder Block anders aussieht, je nachdem welche Stoffe verwendet wurden und wie sie arrangiert sind.

Optisch hervorheben
Wollen Sie eine Form betonen und optisch nach vorn nehmen, so wählen Sie hellen Stoff auf dunklem Grund.

Einzelmotive
Dieses Blumenmuster wurde sorgfältig ausgeschnitten, so daß jede Blüte in der Mitte eines Dreiecks und im Mittelquadrat liegt. Unter durchsichtigen Schablonen können Sie das Motiv akkurat ausrichten.

▼ *Dieser Farbfächer besteht aus Stoffstreifen, die auf Karton aufgeklebt wurden. In einer Ecke sind die Streifen mit einem Ring verbunden. So können sie unterschiedlich aufgefächert und mit neuen Stoffen verglichen werden, um harmonische Farbkombinationen zu finden.*

DER ENTWURF

Optisch zurücknehmen
Eine dunkle Form auf hellem Grund scheint nach hinten zu weichen. Damit können Sie eine zu starke Wirkung von Stoffen optisch reduzieren.

Zu ähnliche Stoffe
Obwohl die Muster dieser beiden Stoffe recht verschieden sind, gleichen Sie sich im Farbton so sehr, daß sie ineinander übergehen und die Nahtlinien verschwinden.

Ausgewogene Farbtöne
Dieser Block hat denselben Hintergrund wie der vorhergehende, doch sind die anderen Stoffe stärker, so daß die Umrisse des Musters deutlich erkennbar sind.

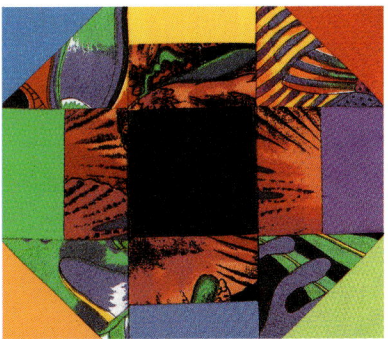

Asymmetrische Anordnung
In diesem Block verlaufen die Farben diagonal von Hell nach Dunkel. Setzt man mehrere Blöcke dieser Art aneinander, wird die Schattierung als regelmäßiges Muster wahrgenommen.

Leuchtend bunt
Dieser Block sieht durch die leuchtenden Farben und starken Muster sehr poppig aus. Zusätzlich aufregend wirkt die asymmetrische Anordnung.

Ausgefallene Stoffe
Obwohl in der Regel Baumwollstoffe für Patchwork genommen werden, können Sie viele andere wählen. Dieser Block ist aus handgefärbten Seidenstoffen und wirkt sehr zart.

ANORDNUNG DER BLÖCKE

Wenn Sie Ihr Patchworkmuster zeichnen (Anleitung dafür auf S. 40) und es mehrmals fotokopieren, können Sie mehrere Farbkombinationen und Anordnungen ausprobieren. Benutzen Sie farbige Filzstifte oder Buntstifte, je nachdem welche Farbintensität Ihr fertiges Patchwork haben soll.

Bei der Planung Ihres Quilts müssen Sie entscheiden, wie die einzelnen Elemente zusammengesetzt werden sollen. Haben Sie mehrere Blöcke genäht – sehen sie direkt nebeneinander am besten aus? Oder besser mit einem Zwischenstreifen? Soll am Rand eine dekorative Bordüre verlaufen oder genügt eine schlichte Einfassung? – Wenn Blöcke direkt aneinandergenäht werden, so können sich komplizierte Sekundär-

Anordnung der Blöcke

QUILTING-GRUNDLAGEN

Zwischenstreifen können ganz verschieden eingesetzt werden und führen zu unterschiedlichen Ergebnissen. Beim Quilt oben verlaufen die Zwischenstreifen diagonal entlang der Fächerblöcke, die dadurch wie Muscheln oder Schuppen aussehen. Im Quilt rechts teilen die Zwischenstreifen die Blöcke quer und bilden so Viertelmotive, die am Rand wiederholt werden.

muster bilden (siehe gegenüberliegende Seite und Seite 146). Vielleicht möchten Sie, daß jeder Block einzeln betrachtet wird. Zu dem Zweck fügt man Zwischenstreifen ein. Zwischenstreifen sind vor allem dann wichtig, wenn Sie Blöcke in verschiedenen Mustern oder Techniken genäht haben, wie bei unserem Samplerquilt. Derart verschiedene Blöcke sehen selten gut aus, wenn man sie direkt aneinandersetzt. Der Stoff von Zwischenstreifen kann die Blöcke vorteilhaft zur Geltung bringen. Vielleicht wählen Sie eine der Unifarben aus Ihrem Patchwork oder eine neutrale Farbe. Zwischenstreifen können auch aus gemustertem Stoff sein, doch da sie als Rahmen für stärkere Muster eingesetzt werden, ist ein kleingemusterter Stoff zu empfehlen.

Randbordüren führen um die ganze Quiltoberseite und eignen sich gut, diese zu vergrößern, wenn Sie zum Beispiel ein größeres Bett bedecken wollen als ursprünglich geplant. Ein zusammengesetzter Quilt schreit geradezu nach einer zusammengesetzten Bordüre, die mit Musterwiederholungen von der Oberseite besonders wirkungsvoll wird. Zum Beispiel: Sterne oder Rauten für Sternenquilts, Bordüren mit runden Elementen für »Drunkard's Path« (Weg des Betrunkenen) oder Fächermuster; Quadrate und Dreiecke für Quilts aus diesen Grundformen. Verwenden Sie dieselben Stoffe wie für die Blöcke. Planen Sie sorgfältig auf Karopapier und bearbeiten Sie die Ecken besonders gründlich, damit das Muster ohne Unterbrechung weiterläuft.

Hier wurde der »Churn-Dash«-(Butterfaß)-Quilt so geplant, daß die Blöcke direkt aneinanderstoßen; ein schmaler, einfarbiger Rand umschließt die Kante.

Diese Randbordüre des »Kartentrick«-Quilts wiederholt kleinere Formen des Patchworkmusters.

Für diese Randbordüre wurde ein Drittel des Blocks »Churn-Dash« (Butterfaß) in umgekehrter Farbanordnung verwendet. Die Ecke ist ein Quadrat, welches in zwei Dreiecke geteilt wurde. Der gesamte Quilt ist mit einer schmalen Kante eingefaßt.

In dieser Variation sind die Zwischenstreifen so breit wie ein Drittel des Blocks. Sie wurden zwischen die Blöcke und einmal um die Oberseite eingearbeitet. Wegen dieser Breite konnte noch ein weiteres Element angefügt werden: eine zusammengesetzte Patchworkbordüre, welche die rechteckige Form wiederholt.

Diese Beispiele zeigen zwei Varianten einer zusammengesetzten Bordüre, die man »gedrehtes Band« nennt.

Diese Art von zusammengesetzten Bordüren wirken um einfache Blöcke sehr attraktiv. Hier sind es die Muster »Shoo Fly« und »Jack-in-the-box«.

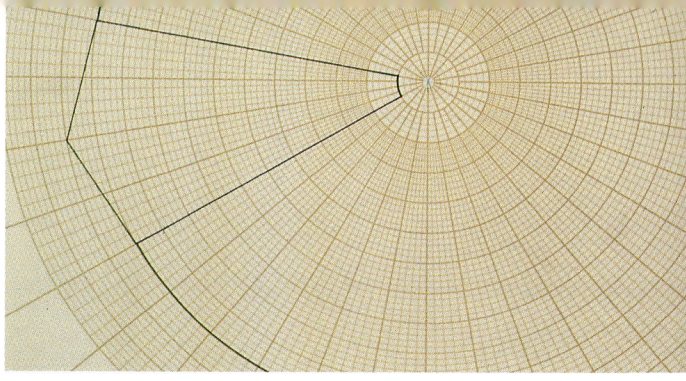

▲ *Muster, die aus Kreissegmenten bestehen, zeichnen Sie in Originalgröße auf Polarkoordinatenpapier und teilen den Kreis in die gewünschte Anzahl von Segmenten. Auf diese Weise zeichnen Sie auch Ihre Schablonen. Ist das Papier für Ihre Zwecke zu klein, verlängern Sie einfach die Strahlen nach außen.*

Entwürfe zeichnen

QUILTING-GRUNDLAGEN

Patchworkquilts sind aus quadratischen Blöcken konstruiert, die dann mit oder ohne Zwischenstreifen zusammengesetzt werden (siehe Seite 38). Andere Muster basieren auf gleichseitigen Dreiecken oder Kreisen, die in Segmente aufgeteilt sind, oder aus anderen Formen. Welche Grundform Sie auch wählen, Sie müssen wissen, wie man akkurate Entwürfe in der richtigen Größe macht, so daß Sie Ihren Stoffbedarf errechnen und perfekte Schablonen anfertigen können. Haben Sie das Grundprinzip erfaßt, ist es ganz einfach, die Größe eines Quilts oder Musters zu verändern oder eine oder zwei Linien eines Musters zu variieren.

Sie benötigen unbedingt Karopapier guter Qualität, erhältlich in Geschäften für Grafik- und Künstlerbedarf. In Quiltgeschäften gibt es solches Papier in Inch- und Zentimeter-Einteilung. Ein durchsichtiges Plastiklineal ist eine große Hilfe, dazu Bleistifte in verschiedenen Härtegraden, Bleistiftanspitzer und Radiergummi.

Das Karopapier erspart Ihnen das Zeichnen von rechten Winkeln, wie sie für die Dreiecke von Neunerblöcken benötigt werden. Doch sind Polarkoordinatenpapier oder Zirkel und Winkelmesser nützlich für Blöcke wie »Dresdner Teller«, die aus Kreissegmenten bestehen, genauso wie Isometriepapier (siehe Seite 26) für gleichseitige Dreiecke, geeignet für alle Muster, die auf 60°-Winkeln und deren Vielfachem basieren.

VERGRÖSSERN UND VERKLEINERN

Das Vergrößern und Verkleinern von freien Entwürfen, wie etwa Applikationsformen, geschieht mittels Rasterlinien. Zeichnen Sie ein Netz aus Quadratlinien längs und quer über das Original. Zeichnen Sie das Gitter neu auf ein zweites Blatt Papier – größer oder kleiner – je nachdem ob Sie vergrößern oder verkleinern möchten. Die Anzahl der Quadrate muß auf beiden Blättern gleich sein. Nun übertragen Sie die Hauptlinien des Motivs auf das neue Gitter. Die Quadrate helfen Ihnen, die Linien richtig zu plazieren.

40

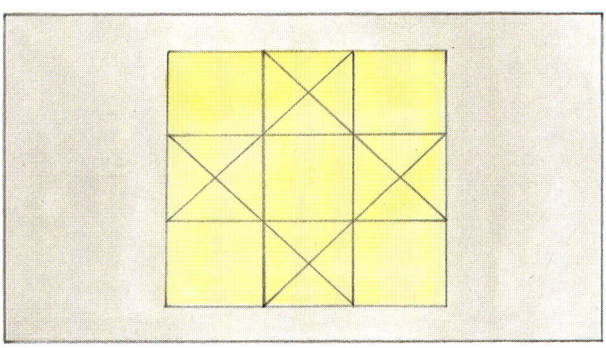

1 Muster wählen und Blockgröße überlegen. Die Größe hängt ab von der Art des Blockes (siehe oben), der Anzahl der Blöcke und der Größe Ihres geplanten Projekts. In diesem Beispiel zeichnen wir einen 30 cm großen »Ohio-Star«-Block.

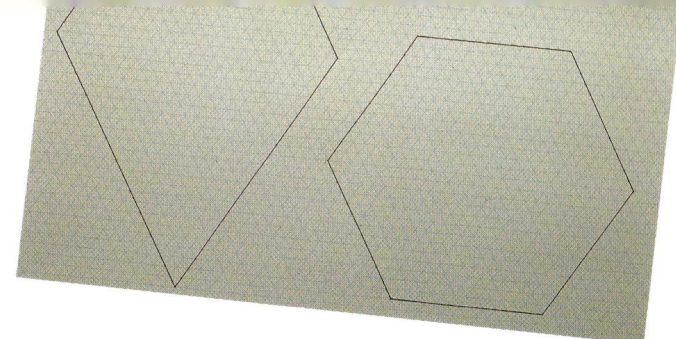

▲ Patchworkmuster mit 60°-Winkeln und deren Vielfachem sind auf Isometriepapier einfach zu entwerfen. Muster in Originalgröße aufzeichnen und für die Schablonen genauso verfahren.

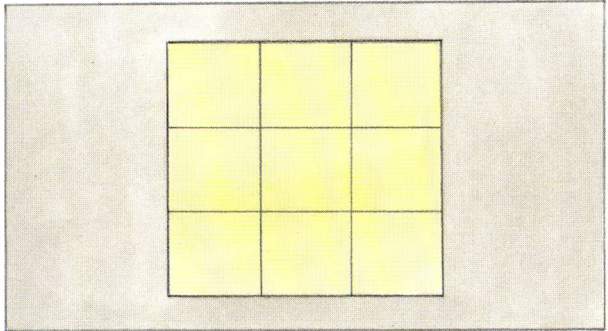

2 Quadrat von 30 x 30 cm auf Karopapier zeichnen und in neun gleichgroße Quadrate von 10 x 10 cm teilen.

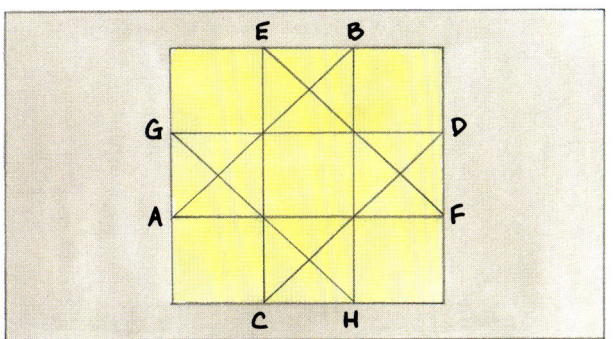

3 Diagonalen einzeichnen. Sie verlaufen A–B, C–D, E–F und G–H. Ziehen Sie jede Diagonale in einem Strich ganz durch, auch wenn sie über mehrere Quadrate führt.

4 Wieviele einzelne Schablonenformen benötigen Sie? Unser Beispielblock besteht zwar aus 21 Stoffteilen, benötigt jedoch nur zwei verschiedene Schablonen: das 7,5 cm-Quadrat und das rechtwinklige Dreieck, das ein Viertel des Quadrats ist.

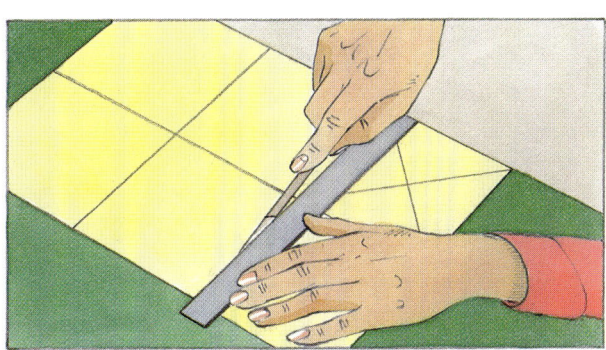

5 Mit einem Schneidemesser je eine der benötigten Formen ausschneiden. Wollen Sie Ihre Originalzeichnung nicht zerschneiden, die Formen noch einmal auf Karopapier zeichnen und dort ausschneiden. Nun haben Sie genaue Vorlagen, nach denen Sie Ihre Schablonen anfertigen können.

Es gibt für die meisten Patchworkmuster fertige Schablonen zu kaufen, doch ist es sehr befriedigend und natürlich auch sparsamer, sie selbst herzustellen. Außerdem – haben Sie das Prinzip der Schablonenherstellung erkannt, können Sie jedes Muster nacharbeiten, wie zum Beispiel die von antiken Quilts.

Wenn Sie eine Schablone nur wenige Male benutzen möchten, so genügt dafür fester Karton.

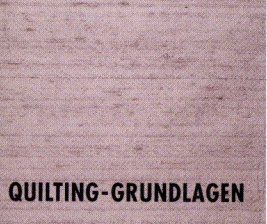

QUILTING-GRUNDLAGEN

Schablonen herstellen

Nach etwa 20 Anwendungen ist diese Schablone stark abgenutzt und nicht mehr genau. Die haltbarsten Materialien sind Metall und Plastik. Zum Selbermachen eignet sich Plastik gut, da man es leicht schneiden kann. Es gibt spezielles Material, nämlich Schablonenplastik, in Bogen in den Quilt- und Patchworkgeschäften zu kaufen. Schablonen für das Nähen von Hand (siehe S. 46: Zusammensetzen) werden in der exakten Endgröße, ohne Nahtzugabe zugeschnitten. Schablonen fürs Maschinennähen sind mit den Nahtzugaben herzustellen.

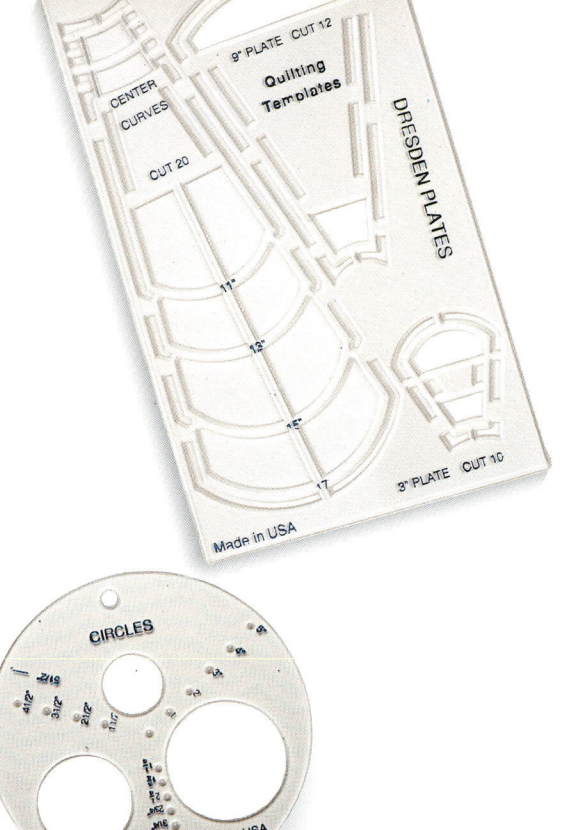

▲ *Es ist gut zu wissen, wie man Schablonen herstellt, und manche lieben diese Herausforderung. Doch gibt es heutzutage fast alle Schablonen fertig zu kaufen.*

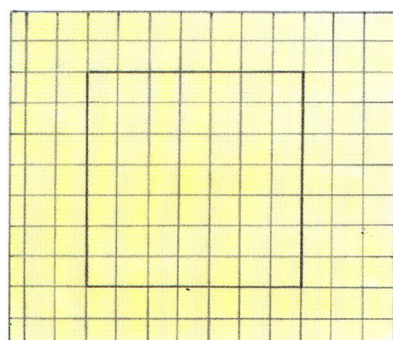

Quadratschablonen aus Karton

1 *Ein Quadrat der gewünschten Größe mit spitzem Bleistift auf Karopapier zeichnen.*

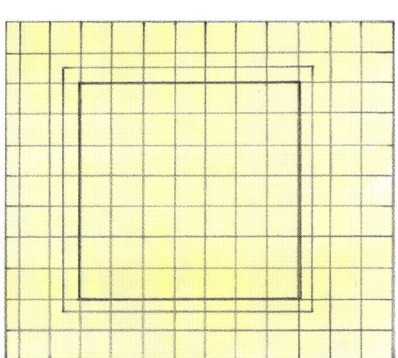

2 *Nähen Sie von Hand, so schneiden Sie entlang der gezeichneten Linie aus. Fürs Maschinennähen zeichnen Sie rundum 5 mm dazu und schneiden entlang dieser Linie.*

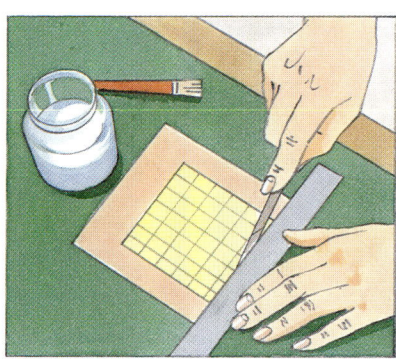

3 *Papierquadrat auf Karton kleben, entlang der Kanten ausschneiden. Benutzen Sie dafür das Schneidemesser und ein Metall-Lineal.*

SCHABLONEN HERSTELLEN

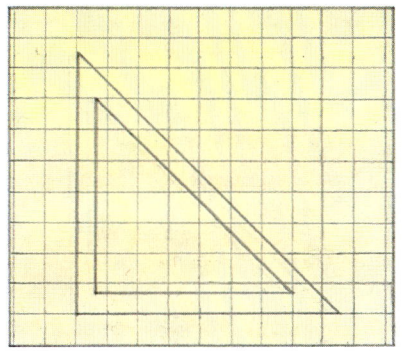
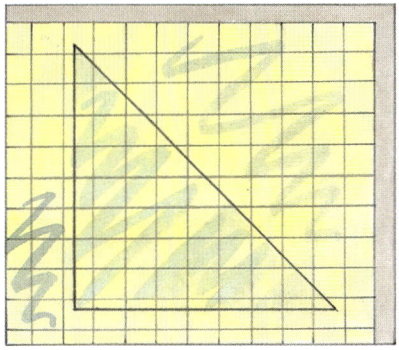

Dreiecksschablonen aus Schablonenplastik

1 Zeichnen Sie ein Dreieck in der gewünschten Größe auf Karopapier und fügen Sie, wenn nötig, die Nahtzugabe an.

2 Das Plastik über das Papier legen und die Form durchpausen. Mit einem speziellen Lineal für Dreiecksformen (siehe S. 26, Ausrüstung), können Sie direkt auf das Plastik zeichnen.

3 Mit Schneidemesser und Metall-Lineal die Schablone ausschneiden. Vorsicht! Verletzen Sie sich nicht die Finger.

Applikationsschablonen

1 Zeichnen oder übertragen Sie die Form auf Papier, Karton oder Schablonenplastik. Wenn nötig, folgen Sie der Anleitung auf Seite 40 zum Vergrößern oder Verkleinern.

2 Fügen Sie rundum 5 mm Nahtzugabe zu.

3 Wenn Sie Papier verwenden, kleben Sie es erst auf Karton und schneiden dann entlang der Kontur. Schablonenkunststoff können Sie sofort entlang der Umrißlinie schneiden.

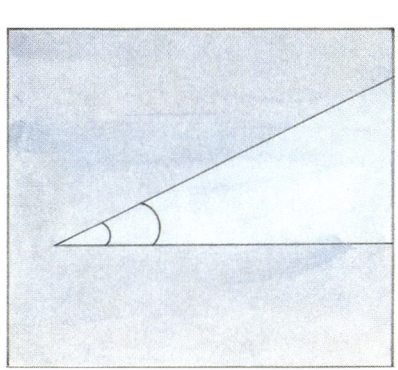
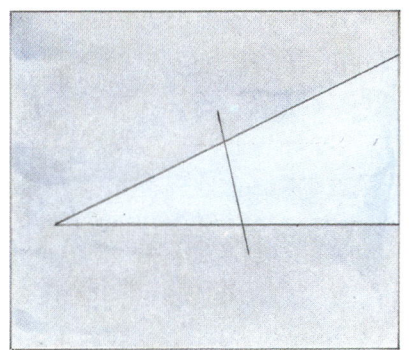
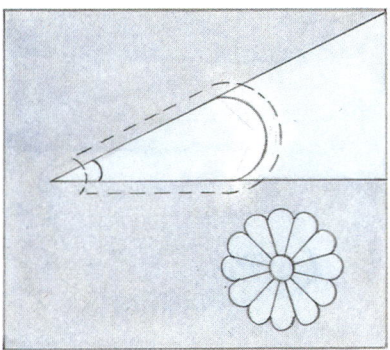

Schablone für »Dresdner Teller«

1 Zwei Geraden zeichnen, die an einem Punkt entspringen. Der Winkel errechnet sich aus 360° geteilt durch die Anzahl der gewünschten Blütenblätter. Für einen Teller aus zwölf Blättern beträgt der Winkel 30° (360 : 12).

2 Von der Spitze ausgehend, an beiden Geraden die gleiche Strecke abtragen. Diese entspricht dem halben Durchmesser des Tellers. Für einen 20 cm-Teller messen Sie also 10 cm von der Spitze aus.

3 Beide Markierungspunkte mit einer schwachen Linie verbinden und dann einen Bogen oder eine Ecke zeichnen. Zeichnen Sie auch nahe der Spitze einen Bogen. 5 mm Nahtzugabe rundum anfügen und ausschneiden.

Stoff zuschneiden

QUILTING-GRUNDLAGEN

Das Allerwichtigste beim Zuschneiden Ihrer Stoffe ist absolute Genauigkeit. Sind die Stoffteile nicht akkurat geschnitten, werden sie nicht zusammenpassen. Das fertige Produkt wird zu groß oder zu klein, haben Sie zuviel oder zuwenig Nahtzugabe berechnet.

Vergewissern Sie sich, daß Ihre Schablonen präzise sind, indem Sie sie an Ihrer Originalvorlage überprüfen. Benutzen Sie stets einen spitzen Bleistift, und zeichnen Sie eng an den Schablonen entlang. Ein auf die Rückseite der Schablone geklebtes Stückchen Schmirgelpapier verhindert das Verrutschen während des Aufzeichnens. Dies ist auch bei Verwendung eines Rollschneiders ein guter Trick. Schneiden Sie genau auf Ihrer Linie, nicht innerhalb und nicht außerhalb.

Vor dem Zuschneiden müssen alle Stoffe gewaschen und gebügelt sein, die Kanten begradigt und die Webkanten entfernt. Webkanten sind dichter gewebt als der übrige Stoff und können sich verziehen. Als Anfängerin werden Sie vielleicht jedes Teil einzeln markieren und ausschneiden, doch erfahrene Quilterinnen schneiden mehrere Stofflagen mit der Schere zu, mit Rollschneider bis zu acht Schichten.

Bevorzugen Sie die Schere, so verwenden Sie eine sehr scharfe Schneiderschere, und schneiden Sie ausschließlich Stoff damit, niemals Papier oder Karton. Für den Rollschneider benötigen Sie zusätzlich ein durchsichtiges Quiltlineal und eine Schneidematte (siehe S. 26). Sichern Sie die Klinge des Rollschneiders nach jedem Einsatz, denn sie ist sehr scharf.

STOFFVERBRAUCH ERRECHNEN

Zur genauen Berechnung legen Sie sich eine Tabelle an, mit einer Längsspalte für jeden Stoff. Entlang der linken Seite schreiben Sie jedes Stoffteil auf, das Sie für Ihr Patchwork benötigen, auch die Zwischenstreifen und den Rand. Dann zeichnen Sie Ihr Patchwork auf Karopapier (natürlich nicht alle 96 Teile einzeln, sondern Sie zeichnen 2 oder 4 und multiplizieren). Zählen Sie alle Teile pro Stoff, und schon kennen Sie Ihren Bedarf. Es ist aber ratsam, zur Sicherheit etwas mehr Stoff zu kalkulieren, es könnte ja einmal ein Fehler passieren.

Benötigte Teile	Stoff 1	Stoff 2	Stoff 3	Stoff 4	Stoff 5	Stoff 6
Rand 180 × 10 cm		2				
Rand 150 × 10 cm		2				
Zwischenstr. 180 × 5 cm			3			
Zwischenstr. 5 × 30 cm				20		
Quadrat 10 cm	24					
Rechteck 5 × 10 cm	96			96		
Dreieck 10 cm	96				96	
Rückseite 150 × 228 cm						1

STOFF ZUSCHNEIDEN

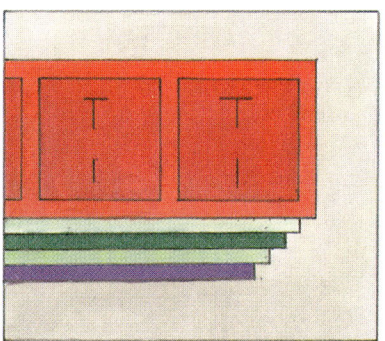

Mit der Schere zuschneiden

1 Fürs Handnähen die Schablone auf den Stoff legen, den Umriß zeichnen und 5 mm Nahtzugabe um jedes Teil anfügen. Dann die Schablone an die nächste Stelle legen.

2 Fürs Maschinennähen stoßen die Kanten der Schablonenformen direkt aneinander. Schneiden Sie auf den durchgezogenen Linien, denn die Nahtzugabe ist bereits in den Schablonen enthalten.

3 Um mehr als eine Stofflage zugleich zu schneiden, markieren Sie den obersten Stoff von 3 oder 4 Lagen. Mit Stecknadel fixieren und alle Lagen gleichzeitig schneiden.

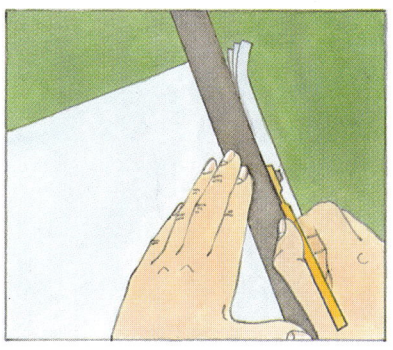
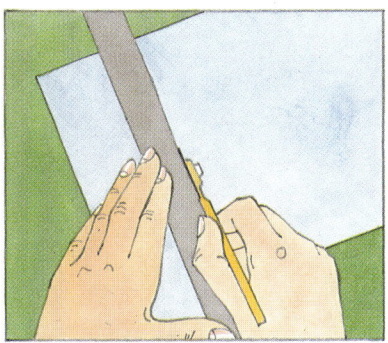
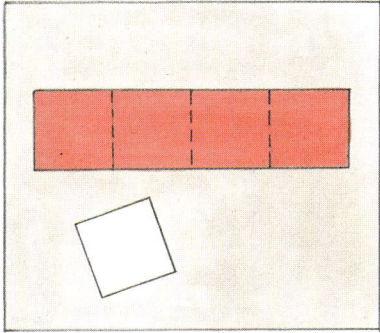

Mit dem Rollschneider zuschneiden

1 Um die Anzahl der Schnitte zu reduzieren, den Stoff zuerst in Streifen schneiden. Stoff 2 x der Länge nach falten, das Quiltlineal rechtwinklig zur Falte anlegen und Schnittkanten begradigen.

2 Stoff drehen, so daß die Stoffmenge rechts des Lineals liegt (für Linkshänder anders herum). Quiltlineal im gewünschten Abstand anlegen und entlang der Kante schneiden.

3 Nun verwenden Sie Ihre Schablonen oder Speziallineale und schneiden die Streifen je nach Bedarf in Quadrate, Rechtecke, Dreiecke oder Rauten.

GRUNDSÄTZLICHE ZUSCHNEIDEREGELN

Markieren Sie die größten Stoffteile stets als erstes, also zum Beispiel die Randbordüren, die Zwischenstreifen und die großen Musterteile. Erst dann zeichnen Sie die kleinen Teile auf Ihren Stoff. Es könnte sonst passieren, daß der restliche Stoff für die großen Teile nicht mehr die richtigen Maße hat. Achten Sie darauf, daß die Fadenläufe im rechten Winkel liegen, und legen Sie die Schablonen mit dem eingezeichneten Pfeil auf den Fadenlauf. Markieren Sie stets auf der Stoffrückseite.

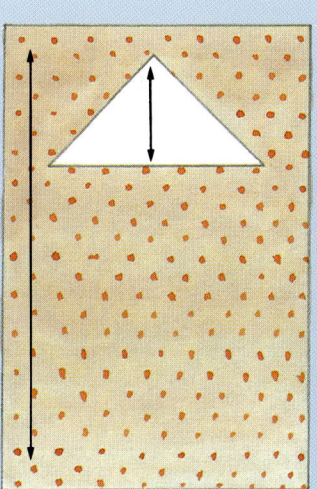
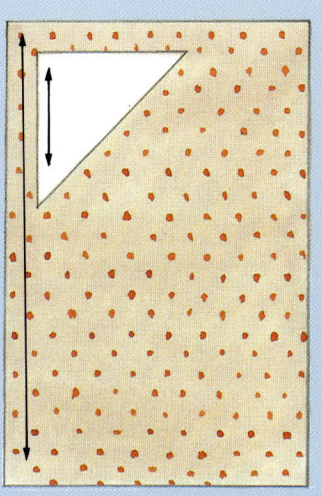

Zusammengesetzter Quilt mit einem Rand im »Flying-Geese«-Muster (Fliegende Wildgänse)

Das Zusammensetzen

QUILTING-GRUNDLAGEN

Haben Sie für jedes Patchworkteil den richtigen Stoff gefunden, so müssen Sie nun entscheiden, wie Sie die Teile zusammenfügen wollen: von Hand oder mit der Maschine. Jede Methode hat ihre Vorteile.

Entscheiden Sie sich fürs Handnähen, so können Sie die Arbeit überallhin mitnehmen. Es geht langsamer, doch Sie finden oft Gelegenheit, ein paar Teile zusammenzunähen. Es ist auch einfacher, ein ungenau geschnittenes Teil ein wenig zu ziehen, damit die Nähte da verlaufen, wo sie sollen.

Größere Genauigkeit verlangt das Maschinennähen, geht aber entsprechend schneller. Mehr und mehr Quilterinnen setzen die Stoffe mit der Nähmaschine zusammen und sticken und quilten sogar damit (siehe Seite 56). Ein Muster mit sehr vielen Teilen ist manchmal einfacher von Hand als mit Maschine zu nähen, doch die Entscheidung liegt ganz bei Ihnen.

Bevor Sie Ihre Nähmaschine einschalten, sollten Sie an einem Stück Stoff die Nahtzugabenbreite überprüfen. Nähen Sie mehrere Parallelnähte in Nähfüßchenbreite. Oder Sie kleben ein Stück Kreppband entlang der Stichplatte, genau 5 mm von der Nadel entfernt und benutzen dies als Führungslinie.

Jede Naht sollte gebügelt werden. Die Regel ist, die Nahtzugabe zum dunklen Stoff hin zu bügeln, so scheint er nicht durch helle Oberflächen. Bei schwierigen Patchworkmustern, bei denen viele Nähte zusammentreffen, können die Nähte uneben werden, würde man alle zu den dunklen Stoffen hin bügeln. In dem Fall können Sie die Nahtzugaben etwas zurückschneiden oder in eine andere Richtung bügeln.

Patchwork von Hand
Auf Ihren Stoffteilen sind die Nählinien eingezeichnet (siehe S. 42). Sie stecken zwei Teile rechts auf rechts zusammen und nähen mit kleinen Vorstichen entlang der Nählinie. Einige Rückstiche an Anfang und Ende sichern die Naht.

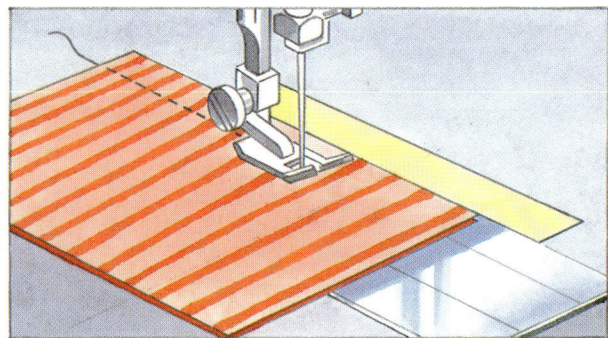

Patchwork mit Maschine
Ihre Stoffteile sind inklusive Nahtzugabe zugeschnitten, und es ist keine Nählinie eingezeichnet. Zwei Teile rechts auf rechts zusammenstecken und mit exakt 5 mm (1/4 Inch) zur Kante entlangnähen.

DAS ZUSAMMENSETZEN

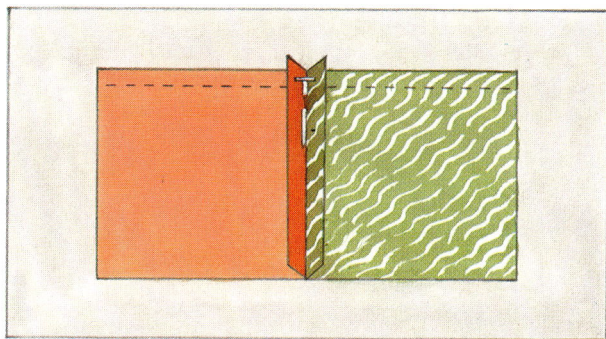

Nahtkreuzungen
Sollen die Nähte zweier zusammengesetzter Einheiten genau zusammentreffen, legen Sie die Stoffe aufeinander und stecken sie an den Nahtzugaben fest. Sie können mit der Maschine vorsichtig über die Stecknadel nähen.

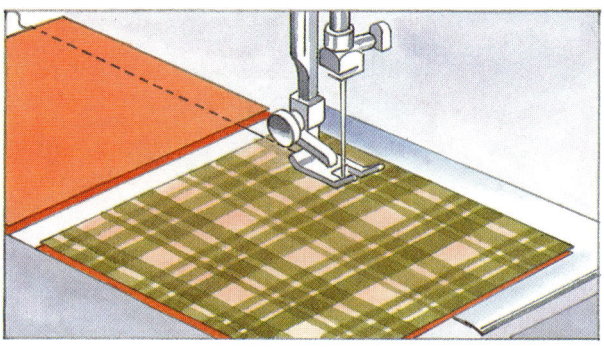

Kettennähen
Beim Zusammensetzen vieler gleicher Stoffteile können Sie viel Zeit sparen und sie immer paarweise, eines nach dem anderen durch die Maschine schieben, ohne den Faden durchzuschneiden. Erst wenn alle Teile zusammengesetzt sind, schneiden Sie die Einheiten auseinander.

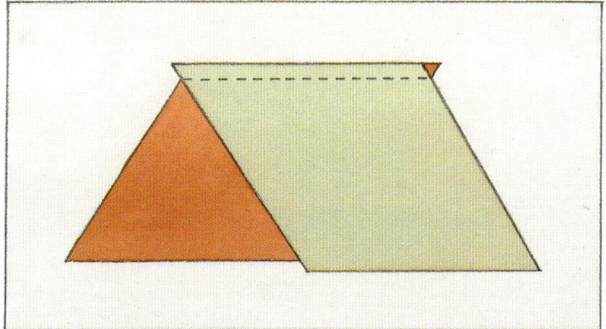

Versetzte Nähte
Für eine Naht zwischen zwei nicht rechtwinkeligen Stoffteilen legen Sie sie rechts auf rechts so aufeinander, daß die Enden der Nahtzugaben über die Kanten der Patchworkteile hinausragen.

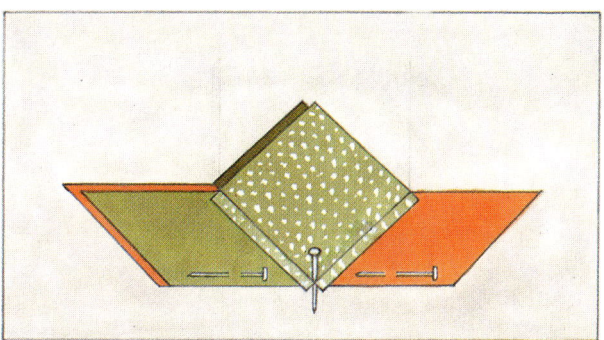

Treffpunkt vieler Nähte
Damit sich mehrere Nähte genau treffen, stecken Sie eine Stecknadel durch ein Stoffteil, dort wo die Nähte zusammenkommen sollen, dann durch das zweite Stoffteil, rechts auf rechts. Dann Stecknadeln durch die Nahtzugaben stecken und die erste Stecknadel wieder entfernen.

KURVENNÄHTE

Kennzeichnen Sie die Mitte jedes Bogens mit einer Stecknadel oder einem kleinen Einschnitt. Die Mitten rechts auf rechts aufeinanderstecken, dann die Nahtenden. Nahtzugabe gleichmäßig einhalten und Stecknadeln im rechten Winkel zur Naht einstechen. Von Hand oder mit Maschine nähen. Stecknadeln entfernen und Nahtzugabe zur dunklen Stoffseite hin bügeln. Liegt sie nicht flach, ein paar Mal einschneiden und zurechtbügeln.

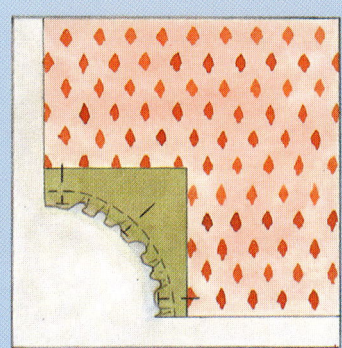
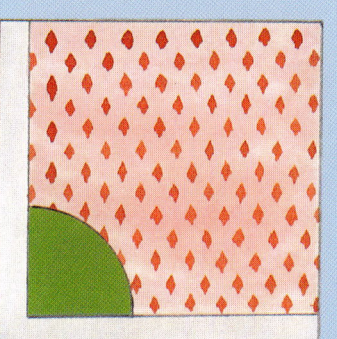

47

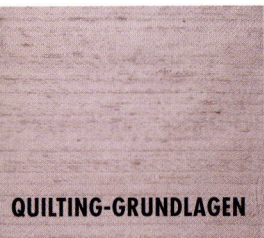

QUILTING-GRUNDLAGEN

Quiltmuster vorzeichnen

Es gibt mehrere Techniken, Quiltmuster vorzuzeichnen. Jede hat ihre Vor- und Nachteile, manche eignen sich für bestimmte Stoffe besonders gut oder für bestimmte Muster. Experimentieren Sie mit den hier vorgestellten Techniken, und finden Sie heraus, welche für Sie die geeignetste ist.

Um direkt auf Stoff zu zeichnen, gibt es verschiedene Hilfsmittel. Ein harter, gut angespitzter Bleistift ergibt deutliche Linien, wäscht sich aber nicht gut wieder aus. Benutzen Sie diese Methode also nur, wenn Sie sicher sind, daß die Quiltlinien genau auf den Bleistiftlinien liegen werden, zum Beispiel wenn Sie statt Vorstichen einen Kettstich benutzen. Stifte mit wasserlöslicher Tinte, deren Farbe nach Befeuchten verschwindet, können sehr nützlich sein. Es gibt auch Zauberstifte, deren Farbe nach wenigen Stunden von selbst verschwindet – markieren Sie also keine zu großen Flächen auf einmal! Diese Stifte sind gut, wenn Sie Ihre fertige Arbeit nicht waschen möchten. Bunstsifte eignen sich für Unistoffe gut, wählen Sie eine verwandte Farbe und spitzen Sie den Stift gut an. Ist die Arbeit fertig gequiltet, erkennt man diese Striche nicht mehr. Aufbügelmuster und Transferstifte ergeben kräftige Linien, die aber nicht immer gut auswaschbar sind. Manche Transfers übertragen eine silbrige Linie, die man weniger sieht. Auf straff gespannte Quilts prägen manche Quilterinnen ihre Linien mit einer Stopfnadel oder einem Metallgriffel. Dies ergibt feine Linien, die nach dem Quilten nicht mehr sichtbar sind.

▼ **Vorgezeichnetes Quiltmuster**
Dies ist ein Motiv für eine Wholecloth-Kissenhülle. Der Stoff ist mit wasserlöslichem Stift mit einer starken Linie markiert.

Schablonenumriß zeichnen
Für ein Quiltmuster ohne Innenlinien oder wenn die Innenlinien ausgeschnitten sind, können Sie ganz einfach am Rand der Schablone entlangzeichnen, mit Bleistift oder Buntstift, mit wasserlöslichem oder Zauberstift, Stopfnadel oder Metallgriffel.

QUILTMUSTER VORZEICHNEN

Durch Stoff pausen
Ist Ihr Stoff sehr hell oder dünn, können Sie direkt durchpausen. Legen Sie Ihr Musterblatt auf den Tisch und den Stoff mit der rechten Seite nach oben darauf. Übertragen Sie die durchscheinenden Linien mit Bleistift, Buntstift, etc. (siehe Seite 29).

Leuchttisch
Haben Sie Zugang zu einem Grafiker-Leuchttisch, so kann man damit mitteldunkle Stoffe transparent machen, so daß Sie durchpausen können. Musterblatt auf die Lichtbox legen, den Stoff mit der rechten Seite nach oben darüber, und das Muster übertragen.

Stanzen und Lochen
Diese Methode ist für dunkle Stoffe geeignet. Perforieren Sie Ihr Papiermuster an allen Linien mit einer Nadel oder der Nähmaschine. Legen Sie es oben auf Ihren Stoff und stäuben Sie mit einem Wattebausch Kalk oder Puder durch die Löcher.

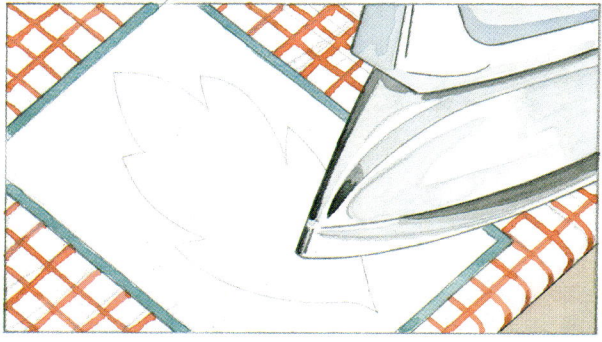

Aufbügelmuster
Bügelmuster gibt es bereits für viele Motive. Sie können auch eigene Entwürfe mit Transferstift zeichnen. Legen Sie dann die Vorlage, mit der Zeichnung nach unten, auf die rechte Stoffseite und bügeln Sie warm darüber. Denken Sie daran, daß die Motive spiegelverkehrt erscheinen.

Schneider-Kopierpapier
Dieses Spezial-Kopierpapier gibt es in verschiedenen Farben: Wählen Sie eine aus, die zu Ihrem Stoff paßt. Legen Sie das Kopierpapier mit der Farbseite auf die rechte Seite des Stoffs und das Quiltmuster auf das Papier. Fahren Sie mit dem Kopierrädchen alle Linien des Musters nach.

Stopfnadel oder Metallgriffel
Diese Methode funktioniert am besten auf Unistoff, der in den Quiltrahmen gespannt ist. Legen Sie die Schablone auf und ritzen Sie mit einer Stopfnadel oder einem Metallgriffel um alle Umrisse. Dies ergibt eine deutlich eingedrückte Linie.

Quiltbordüren machen jeden Quilt interessant. Man kann Zwischenstreifen und Ränder damit verzieren (siehe S. 152) oder die Ecken von Wholecloth-Quilts (siehe S. 100). Sie verleihen optische Spannung und Kontrast. Im großen und ganzen ist das Quilten einer Bordüre mit dem Quilten anderer Motive wie Medaillons oder Hintergrundmuster vergleichbar: Man zeichnet sie mit verschiedenen Methoden auf den Stoff

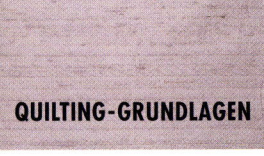

QUILTING-GRUNDLAGEN

Quilt-Bordüren

siehe S. 148) und quiltet von Hand oder mit der Maschine (siehe S. 56). Trotzdem sind Quiltbordüren eine Herausforderung und müssen sorgfältig geplant werden, damit man keine Überraschungen erlebt.

Zuerst wählen Sie das Bordürenmuster aus. Vielleicht möchten Sie einige der Musterelemente aus Ihrem Quilt aufgreifen wie zum Beispiel Blüten oder Rauten und daraus die Bordüre gestalten, oder Sie wählen ein Kontrastmotiv. Die meisten Bordürenmuster bestehen aus sich wiederholenden Elementen, die komplett auf Ihren Rand passen sollten. Stimmen dafür die Maße nicht, so kann man es durch Vergrößern oder Verkleinern meist anpassen.

Das Motiv einer Bordüre fortlaufend um eine Ecke zu führen ist etwas knifflig. Manche kommerziellen Quiltschablonen bieten auch eine Eckvariante an. Wenn Sie Ihr eigenes Design verwenden möchten, so machen Sie mehrere Entwürfe für die Ecke. Ist Ihnen die Aufgabe zu schwierig, so fügen Sie am Ende jeder Quiltbordüre ein Medaillon-Motiv in das Eckquadrat.

Ein schlichtes, doch sehr eindrucksvolles Beispiel einer Quiltbordüre

Die Kerben-Methode

1 *Mit dieser Methode könne Sie Motive wie Zopf oder Federmuster mit einer einzigen, kleinen Schablone machen. Zeichnen Sie mehrere der Grundformen Ihres Musters akkurat und in Originalgröße auf Papier, so daß Sie sehen, wo die Wiederholung beginnt und endet.*

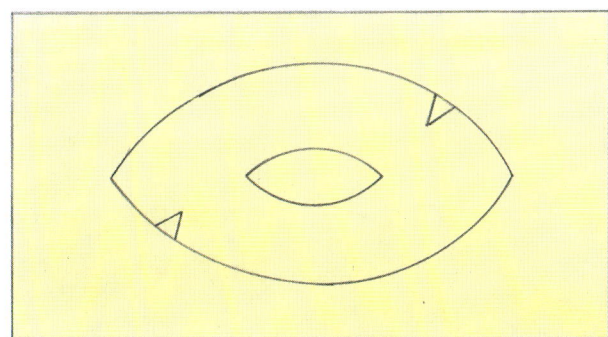

2 *Ein einzelnes Segment Ihres Musters auf festen Karton oder Schablonenplastik zeichnen und ausschneiden. Machen Sie eine Kerbe oder eine Markierung an der Stelle, an der die Musterwiederholung beginnt.*

QUILT-BORDÜREN

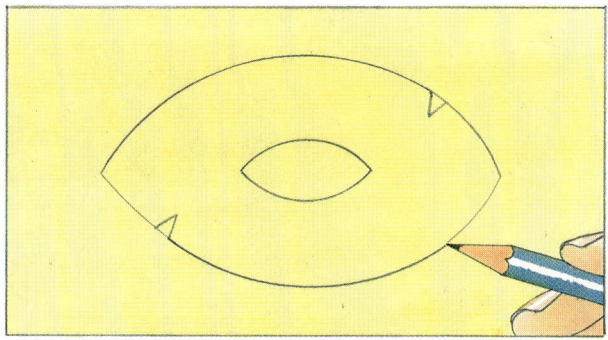

3 Benutzen Sie diese Schablone zum Vorzeichnen auf Ihren Stoff. Entlang der langen Außenkanten zwischen den Spitzen und den Kerben zeichnen sowie den inneren Umriß.

4 Schablone weiterbewegen, so daß Spitzen und Kerben mit den vorigen Markierungen abschließen und Folgemotiv zeichnen. Fahren Sie so fort, bis die Bordüre die benötigte Länge hat.

Die Ecken

1 Haben Sie eine Eckschablone, so beginnen Sie zuerst in der einen Ecke zu zeichnen und arbeiten sich dann zu den anderen Ecken hin.

2 Wenn die Bordüre nicht um die Ecke führen soll, beenden Sie das Quiltmuster am Motivende und füllen die freie Ecke mit einem passenden Einzelmotiv.

Fortlaufendes Muster

1 Arbeiten Sie mit einem fortlaufenden Muster, zum Beispiel einem Federmuster oder gedrehten Zopf, so kann man das Muster in derselben Richtung um die Ecke führen.

2 Haben Sie Ihr Quiltmuster lieber symmetrisch, so quilten Sie ein Motiv oder Medaillon in die Mitte jedes Randes und zeichnen die Bordüre nach rechts und links. Schablone dabei umdrehen, so daß jeder Bereich in die andere Richtung verläuft.

QUILTING-GRUNDLAGEN

Wattierung und Rückseite

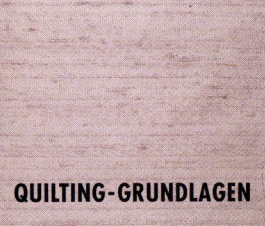

Bevor ein Block oder eine Decke gequiltet werden kann, muß das »Sandwich« montiert werden. Es besteht aus der Quiltoberseite, der Wattierung und der Rückseite. Wattierungen gibt es in verschiedenen Stärken und Materialien; Polyestervlies ist am weitesten verbreitet. Es ist leicht, einfach zu quilten und problemlos waschbar. Man bekommt es in verschiedenen Dicken: dünn, mittel, dick und extradick. Möchten Sie eine Zwischenstärke, so können Sie zwei Lagen übereinanderlegen oder eine dicke Lage teilen. Für dunkle Quilts gibt es auch dunkles Polyestervlies.

Früher hat man stets das Material verwendet, das in der Region verfügbar war. So benutzte man in England Wolle, während in Nordamerika immer Baumwolle verwendet wurde. In beiden Ländern war Seidenwattierung sehr teuer und wurde nur für besondere Quilts benutzt. Die alten Naturmaterialien werden heute wieder modern, viele Quilterinnen verwenden gerne Wolle oder Baumwolle, sogar Seidenfüllungen für gequiltete Kleidungsstücke aus Seide. Wenn Sie ein Kleidungsstück quilten möchten, das nicht zu steif werden soll, so ist eine flache Wattierung wie zum Beispiel Flanell gut geeignet. Beachten Sie die jeweilige Waschanleitung, denn manche Baumwoll-, Seiden- oder Wollfüllung darf man nicht mit der Maschine waschen.

Sollen die Quiltstiche auf der Rückseite nicht zu sehen sein, verwenden Sie Nessel oder Ähnliches als inneren Stoff und decken ihn anschließend mit dem geplanten Rückseitenstoff ab.

▲ Diese Beispiele zeigen verschieden dicke Wattierungen und ihre plastische Wirkung an drei identischen Mustern an demselben Stoff, mit dünnen, mittlerem und dickem Polyestervlies.

▲ Dies ist eine Wholecloth-Kissenplatte, fertig montiert zum Quilten. Auf dem Stoff ist das Quiltmuster vorgezeichnet und dann mit Vlies und Rückseite zum

Die Quilts unten zeigen, wie verschieden Rückseitenstoffe wirken können.

Der linke zeigt die Quiltlinien deutlich, während der gemusterte Stoff rechts die Stiche fast verbirgt.

WATTIERUNG UND RÜCKSEITE

1 Um einen Stoff zum Quilten vorzubereiten, den gebügelten Rückseitenstoff mit der rechten Seite nach unten auf eine flache Oberfläche legen und glattstreichen. Bei sehr großen Stücken den Fußboden benützen.

2 Wattierung auf den Rückseitenstoff legen und glattstreichen. Darauf wird nun der Stoff gelegt, der gequiltet werden soll.

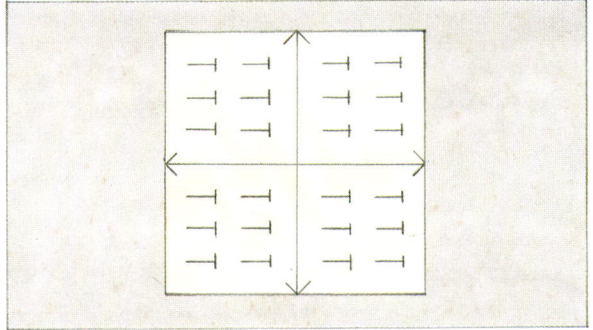

3 Alle Lagen mit Stecknadeln feststecken, von der Mitte nach außen, in Reihen von ca 7,5 cm Abstand.

4 Durch alle drei Lagen horizontale Reihen von 5 cm Abstand heften, danach vertikal. Das regelmäßige Gitter über dem »Sandwich« verhindert das Verrutschen der Lagen während des Quiltens.

HEFTEN MIT SICHERHEITSNADELN

Ein gleichmäßiges Gitter zu heften kann sehr zeitraubend sein, und so manche Quilterin bevorzugt schnellere Methoden. Wenn Sie es eilig haben, versuchen Sie es so: Sandwich wie oben beschrieben aufeinanderlegen und die Lagen mit Sicherheitsnadeln in unregelmäßigen Abständen fixieren.

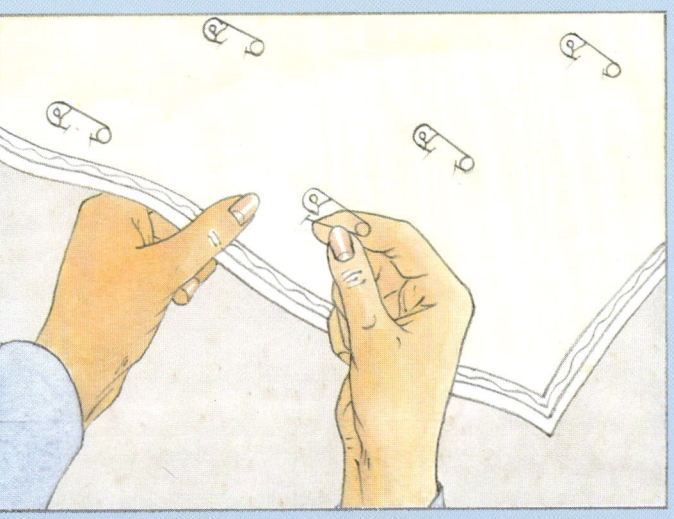

Jeder Quiltstich, ob von Hand oder mit Maschine, setzt den Quilt unter Spannung, denn Sie ziehen die drei Lagen, Rückseite, Wattierung und Oberseite, mit jedem Stich zusammen. So kommt die plastische Oberfläche zustande; doch diese Spannung kann den Quilt auch strapazieren. Um dies zu verhindern, wird der Quilt während des Handnähens gespannt, große Teile müssen meist in einen Rahmen gespannt werden.

Quiltrahmen gibt es in verschiedenen Formen und Größen

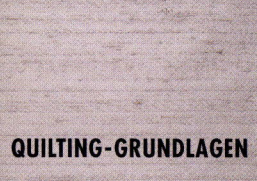

QUILTING-GRUNDLAGEN

Im Quiltrahmen arbeiten

Handquiltrahmen, ob rund oder oval, dienen dem Spannen kleinerer Bereiche. Sie sehen aus wie große Stickrahmen und werden auch so bedient, indem das Stoffsandwich zwischen inneren und äußeren Ring geklemmt wird.

Rahmen mit Ständer sind ganz ähnlich, nur daß sie nicht auf der Tischkante oder dem Schoß aufliegen müssen, da sie ihre eigenen »Beine« haben. Ganzquiltrahmen sind große, freistehende Rahmen, in welchem ein Quilt komplett eingespannt wird. Viele Quiltgruppen der Vergangenheit benutzten diese Rahmen, da gleichzeitig mehrere Frauen daran arbeiten konnten. Heutzutage hat man nicht mehr so viel Platz, und so verwendet man Quiltrahmen mit Holmen, auf die der nicht bearbeitete Teil des Quilts aufgerollt wird.

Quilten Sie mit Maschine, sind diese Hilfsmittel nicht einsetzbar, da kaum ein Rahmen unter den Arm der Nähmaschine paßt. Sie müssen also Ihre Arbeit mit den Händen spannen.

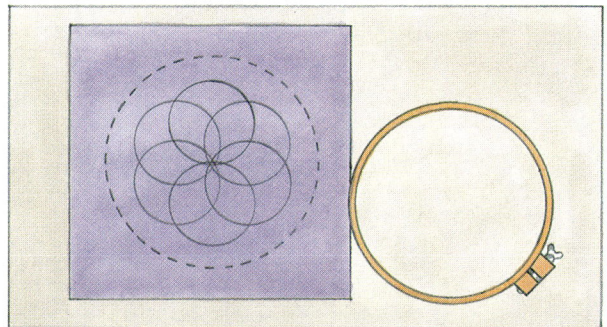

Arbeit im Quiltrahmen

1 *Beide Reifen auseinandernehmen und das montierte Quiltsandwich glatt über den inneren Reifen legen.*

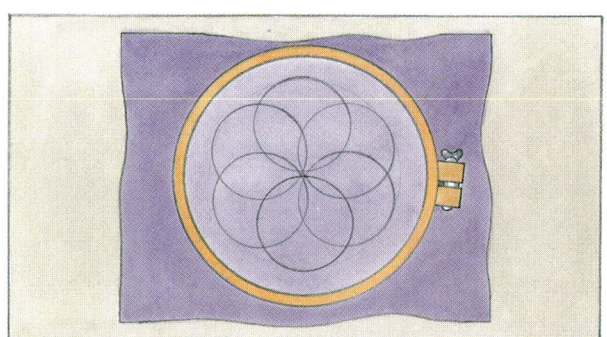

2 *Den äußeren Reifen darüberdrücken, so daß der Quilt zwischen beide Reifen geklemmt wird. Spannungsschraube anziehen, bis der Quilt fest im Rahmen sitzt.*

IM QUILTRAHMEN ARBEITEN

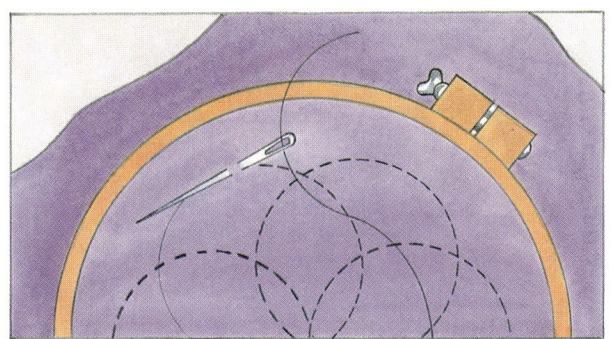

3 Den Bereich innerhalb des Rahmens quilten und dann den Reifen zur angrenzenden Fläche weitersetzen. Fahren Sie so fort, bis die Quiltarbeit komplett ist.

4 Ist die Ecke schwierig zu quilten, so heften Sie zwei Stoffstreifen an die Kanten, so daß alles vom Quiltrahmen gefaßt wird. Den Extrastoff anschließend wieder entfernen.

Im großen Quiltrahmen arbeiten

1 Das Quiltsandwich mit der rechten Seite nach oben über den Rahmen legen, die Längskanten parallel zu den Seitenlatten des Rahmens. Die kurzen Quiltseiten an die Stoffschürzen der Holme heften.

2 Den Hauptteil des Quilts auf den Holm aufrollen und nur den zu quiltenden Bereich über den Rahmen strecken. Holme fixieren, damit die Spannung erhalten bleibt.

3 Quilt an den Seiten spannen, indem Sie ein Stoffband vom Quilt zur Seitenlatte und zurück winden und mit großen Sicherheitsnadeln feststecken.

4 Die offenliegende Fläche fertig quilten und dann die seitlichen Bänder und die Holme lösen. Den Quilt so weit auf den Holm rollen, bis eine neue Quiltfläche erscheint. Dann wieder fixieren und weiterarbeiten.

Q uilten ist das Absteppen Ihrer dreilagigen Arbeit mit feinen Vorstichen. Das Quilten hält die Lagen zusammen, ist aber auch dekorativ, denn Sie arbeiten gleichzeitig ein reliefartiges Muster, welches Ihr Design vorteilhaft zur Geltung bringt.

Man kann von Hand oder mit Maschine quilten. Traditionalistinnen quilten aus Prinzip mit der Hand, auch wenn sie das Patchwork mit Maschi-

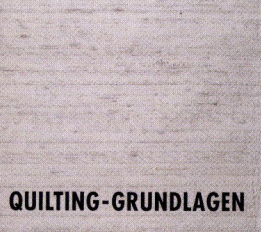

Das Quilten

QUILTING-GRUNDLAGEN

ne genäht haben; doch gibt es für Sie keinen Grund, nicht auch mit der Maschine zu quilten, wenn Sie es möchten. Man sieht die Stiche deutlicher, was kein Nachteil sein muß, und es geht schneller. Sorgen Sie sich nicht um die Anzahl der Stiche pro Zentimeter, aber üben Sie gewissenhaft, um gleichmäßige Stiche zu bekommen. Quilten Sie eine lange Strecke von Parallellinien, (zum Beispiel einen Zopf), so können Sie beim Handquilten mit zwei eingefädelten Nadeln immer parallel arbeiten und die Spannung bleibt gleichmäßiger.

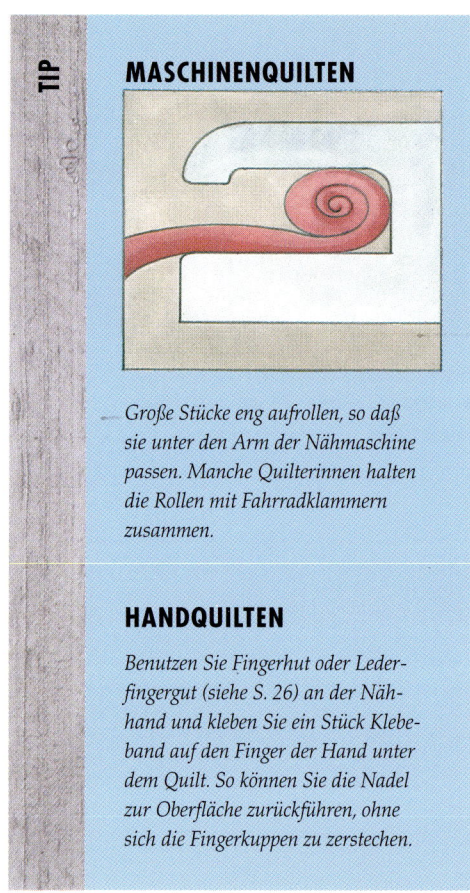

TIP

MASCHINENQUILTEN

Große Stücke eng aufrollen, so daß sie unter den Arm der Nähmaschine passen. Manche Quilterinnen halten die Rollen mit Fahrradklammern zusammen.

HANDQUILTEN

Benutzen Sie Fingerhut oder Lederfingergut (siehe S. 26) an der Nähhand und kleben Sie ein Stück Klebeband auf den Finger der Hand unter dem Quilt. So können Sie die Nadel zur Oberfläche zurückführen, ohne sich die Fingerkuppen zu zerstechen.

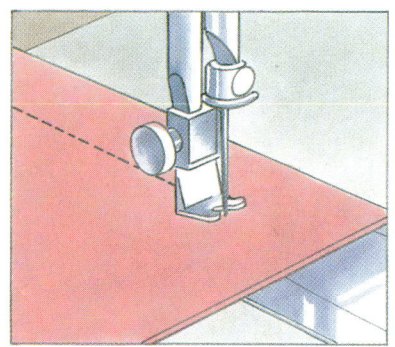

Maschinenquilten

1 *Relativ große Stichlänge wählen und entlang der Stepplinie nähen. Bei Richtungsänderung die Nadel im Stoff versenken, Nähfuß anheben und Stoff drehen.*

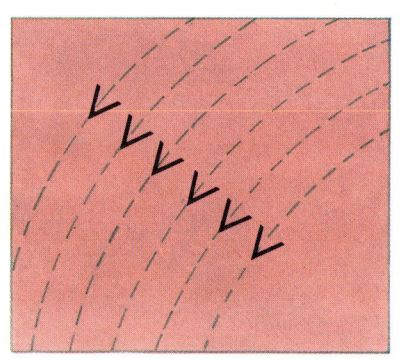

2 *Wenn Sie lange Parallellinien quilten, jede Reihe in derselben Richtung steppen, damit sich der Stoff nicht verzieht.*

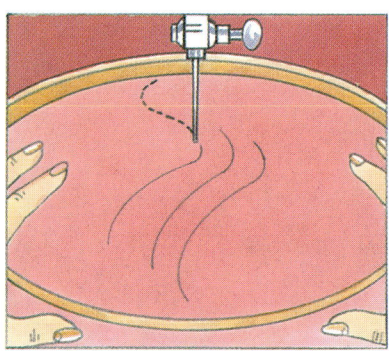

3 *Zum Quilten schwieriger Motive den Stopf- oder Stickfuß verwenden und Stofftransport versenken. Stoff von Hand spannen oder in einen Stickrahmen klemmen. Quiltarbeit frei unter der Nadel bewegen.*

DAS QUILTEN

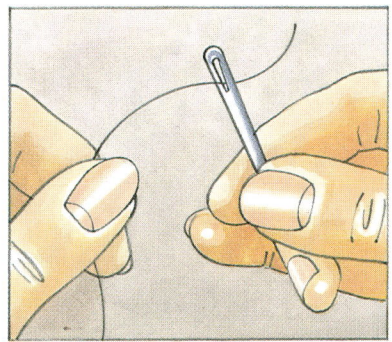
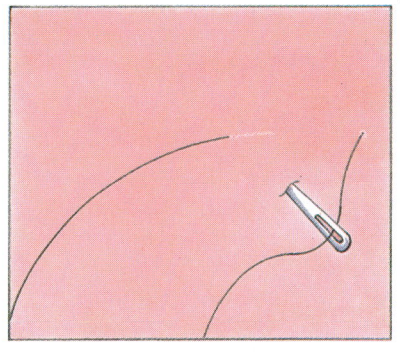
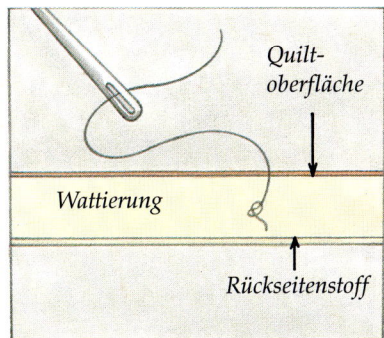

Handquilten

1 Einen ca. 50 cm langen Quiltfaden einfädeln und am langen Ende einen Knoten machen.

2 Etwa 2,5 cm von dem Beginn der Linie entfernt in die Stoffoberfläche stechen.

3 Nadel am Beginn der Linie nach oben bringen und sanft am Faden ziehen. Der Knoten schlüpft unter den Oberstoff und liegt in der Wattierung.

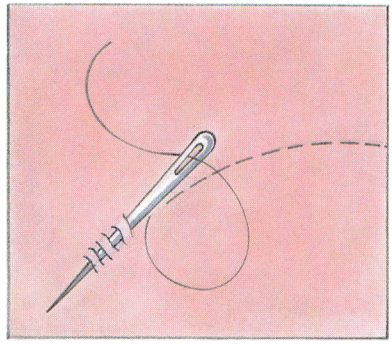
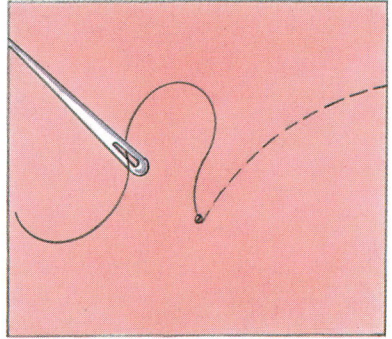
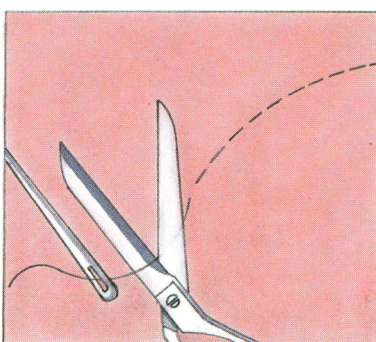

4 Mit kleinen, gleichmäßigen Vorstichen durch alle Lagen des Quilts nähen. Nehmen Sie mehrere Stiche auf einmal auf die Nadel, bevor Sie den Faden nachziehen.

5 Das Ende eines Fadens zweimal um die Nadel wickeln, durchziehen und den entstandenen Knoten dicht an den Stoff schieben.

6 Nadel in die Quitlinie stechen, innerhalb der Wattierung etwa 2,5 cm von der Linie entfernt auftauchen, Knoten unter den Stoff ziehen und Faden abschneiden.

PRO UND CONTRA

Maschinenquilten

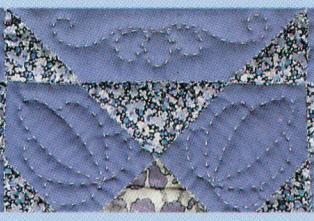
Handquilten

Pro Maschinenquilten
Geht schnell. Nützlich für große, regelmäßige Muster. Spezialwerkzeug wie z.B Führungshilfen erleichtern genaue, gleichmäßige Stiche

Contra Maschinenquilten
Man kann die Arbeit nicht transportieren. Es können sich leicht Falten zusammenschieben. Man sieht die Stiche sehr deutlich. Große Quilts kann man schwer durch die Maschine schieben.

Pro Handquilten
Man sieht die Stiche weniger und kann kleine Ungenauigkeiten leicht kaschieren. Handquilten wirkt beruhigend. Sie können kleinere Teile gut transportieren.

Contra Handquilten
Sehr zeitaufwendig. Man muß ständig neuen Faden einfädeln, denn die Stücke sind jeweils nur 50 cm lang. Häufiges Quilten macht wunde Finger und strengt die Augen an.

Wenn Sie Patchwork- oder Applikationsmuster quilten, so können Sie das genähte Muster als Ausgangsmotiv für das Quiltdesign benutzen. Man kann dem Umriß von Applikationsmotiven oder Patchworkmustern folgen und es mehrfach wiederholen. Wenn es Ihnen gefällt, quilten Sie moderne oder traditionelle Muster über das ganze Patchwork, ohne die Nählinien zu berücksichtigen. Oder Sie kombinieren

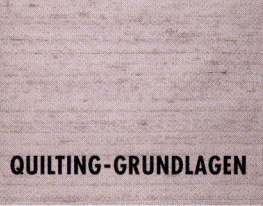

QUILTING-GRUNDLAGEN

Verschiedene Möglichkeiten, einen Block zu quilten

beide Möglichkeiten und quilten kleine Motive innerhalb der Blöcke. Hier sehen Sie verschiedene Quiltbeispiele an immer dem gleichen Block, dem »Churn Dash« (Butterfaß). Alle Vorschläge kann man von Hand oder mit der Maschine quilten.

In diesem Quilt wurde als Muster die Form der Stoffteile für das Quiltmuster aus verschiedenen Formen und Spiralen als Designelement benutzt. Am Rand wurden Dreiecke und Spitzen aus mehreren Quiltlinien aufgebaut.

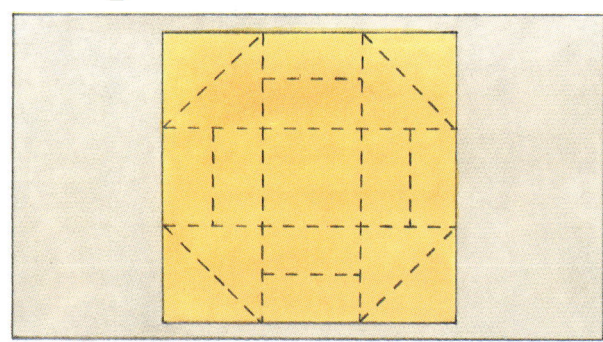

Das Quilten in der Naht ist wohl die einfachste und schnellste Art, ein Patchwork zu quilten: Arbeiten Sie ganz nahe der Naht, auf der Seite ohne Nahtzugabe.

Umrißquilten macht man auf jedem Stoffteil. Quilten Sie 5 mm innerhalb jedes Stoffteils und stechen Sie nicht durch die Nahtzugabe.

VERSCHIEDENE MÖGLICHKEITEN, EINEN BLOCK ZU QUILTEN

Bei diesem Block wurden auf den einzelnen Stoffteilen individuelle Motive gequiltet. Dies kann in Kombination mit In-der-Naht-Quilten sehr effektvoll sein.

Hier wurden die Nahtlinien des Patchworkmusters völlig ignoriert und konzentrische Kreise über den ganzen Block geuqiltet, zusätzlich mit kleinen Kreisen in den Ecken.

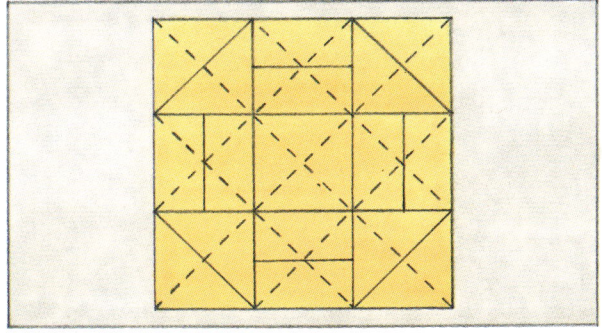

Hier dienen die Ecken des Blocks als Startpunkt für die Diagonalen, die sich in den Zentren der Stoffteile kreuzen.

Dieses Muster besteht aus geraden Parallel-Linien, die als Füllmuster diagonal auf die Flächen um das Patchworkmotiv gequiltet sind.

APPLIKATIONSBLÖCKE QUILTEN

Hawaiianische Quilts werden traditionell mit »Echoquilting« versehen, bei dem die Quiltlinien in 5 mm Abstand dem Umriß des Applikationsmotivs folgen, sich nach außen hin wiederholen und den Hintergrund mit fließenden Linien füllen.

Ein Hintergrundmuster macht Applikationsmotive und Quiltflächen sehr interessant. Die erste Linie wird eng am Rand der Applikation gesteppt oder 5 mm davon entfernt. Dann wird der Hintergrund mit einem geometrischen oder zufällig verteilten Quiltmuster bedeckt, wodurch das Applikationsmotiv besonders plastisch hervortritt.

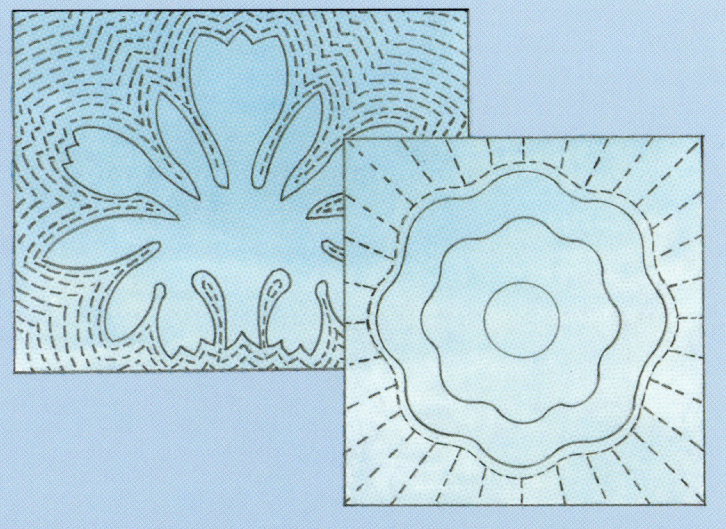

Wenn Ihre Decke fertig gequiltet ist, so muß der Rand versäubert werden, was in der Regel mit einer Einfassung geschieht. Bei vielbenutzten Bettquilts kann man festen Stoff verwenden, doch ein Schrägstreifen ist meist das Ideale – besser noch ein doppelt gelegter Schrägstreifen. An der Einfassung werden als erstes Verschleißerscheinungen auftreten. Bei einer gerade geschnittenen Einfassung bricht leicht der Faden

Fertigstellung des Quilts

QUILTING-GRUNDLAGEN

im Falz, und man muß sie bald reparieren. Bei Schrägstreifen laufen vielfache Fäden gekreuzt rund um den Quilt und verschleißen viel weniger. Ein Schrägstreifen ist elastisch und schmiegt sich um Kurven und Ecken.

Der Stoff für die Einfassung sollte zu den Stoffen des Quilts passen, und obwohl es fertigen Schrägstreifen zu kaufen gibt, ist es besser, einen eigenen zu fertigen. Schrägstreifen zu schneiden verbraucht viel Stoff, und das müssen Sie schon beim Stoffkauf berücksichtigen. Für einen sehr großen Quilt ist Bettuchstoff (Linon) fest genug und gleichermaßen geeignet für gerade und schräggeschnittene Einfassungen. Eine zusammengesetzte Einfassung kann die Stoffe der ganzen Patchworkoberseite beinhalten, was an Quilts mit breiten Randbordüren sehr nett aussieht.

Viele Quilterinnen fassen ihre Quilts ein, indem sie den Rückseitenstoff oder die Oberseite um die Kanten schlagen. Haben Sie dies vor, so denken Sie daran, die Rückseite bzw die Oberseite 2,5 cm größer zu planen als die Endgröße des Quilts. Dann werden die Kanten umgebügelt, nach hinten bzw. nach vorn geschlagen und festgenäht. Eine ebenfalls einfache Randlösung ist, die Wattierung rundum 5 mm zurückzuschneiden, Oberseite und Rückseitenstoff einzuschlagen und den Rand schmalkantig abzusteppen.

Auf einen gut gearbeiteten Quilt dürfen sie mit Recht stolz sein, also versehen Sie ihn mit einer Signatur, wie es alle Künstler tun. Ist der Quilt ein Geschenk, so sticken Sie den Namen der/des Beschenkten ein. Dies hier ist ein Freundschaftsquilt mit den Namen der beiden Quilterinnen zur Erinnerung.

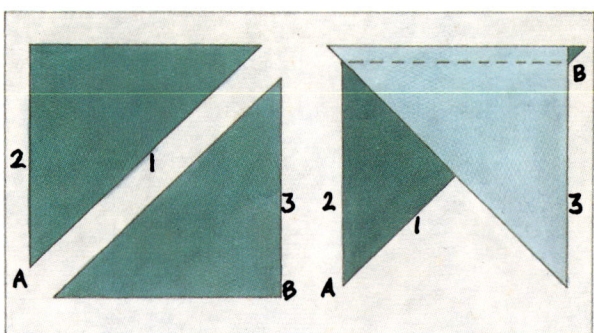

Fortlaufender Schrägstreifen

1 *Von 1 m Stoff mit 115 cm Breite die Webkanten entfernen. Stoff bügeln. Das verbliebene Stoffquadrat diagonal falten und durchschneiden. Zwei der kurzen Seiten der entstandenen Dreiecke rechts auf rechts zusammennähen.*

FERTIGSTELLUNG DES QUILTS

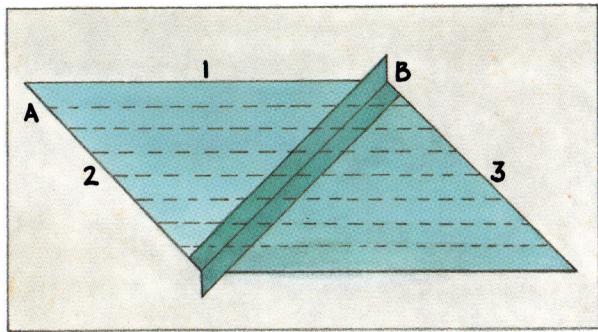

2 Stoff aufklappen und Nahtzugaben auseinanderbügeln. Sie haben nun ein Parallelogramm. Gewünschte Schrägstreifenbreite entlang der langen Seite 1 als Linie einzeichnen.

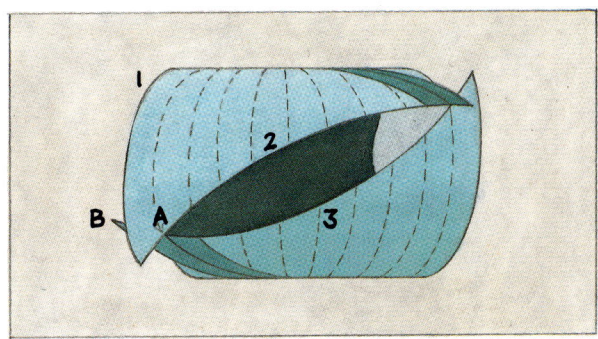

3 Einige Zentimeter der obersten Linie einschneiden, den Stoff rechts auf rechts wie abgebildet an den Markierungspunkten A und B anlegen und die Naht schließen. Sie haben nun eine Röhre, bei der Kante 3 etwas übersteht.

4 Der erste Streifen dient als Breitenmaß. Einen langen Streifen spiralig von der Röhre abschneiden. Sie haben nun einen sehr langen Schrägstreifen, mit dem Sie Ihren Quilt einfassen können.

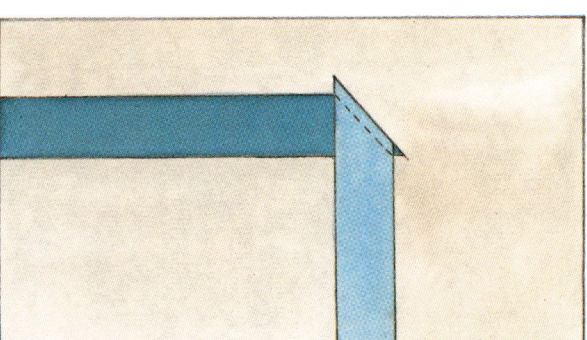

5 Wenn Sie Schrägstreifen anstückeln müssen, legen Sie die beiden Teile so zusammen, wie auf der Abbildung gezeigt, und verbinden sie von Hand oder mit der Maschine.

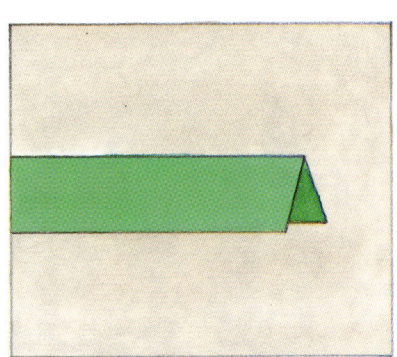

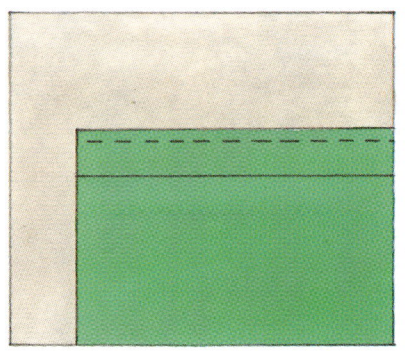

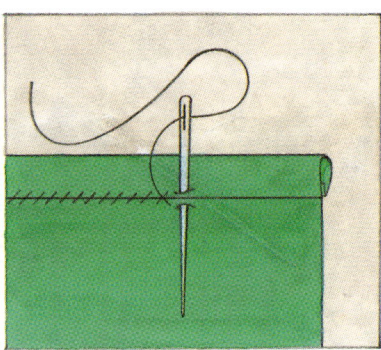

Gerade Einfassung

1 Je zwei 6 cm breite Streifen, so lang und so breit wie der Quilt, plus 2,5 cm zuschneiden. Der Länge nach falten und bügeln.

2 Die langen Streifen rechts auf rechts entlang der Längskante der Quiltoberseite legen, feststecken und mit 5 mm Naht annähen.

3 Streifen zur Rückseite klappen, Schnittkante einschlagen und von Hand festnähen. Ebenso mit den anderen Seiten des Quilts verfahren.

61

3
Der Sampler-quilt

So sieht Ihr Samplerquilt aus

Da Sie nun mit den Grundregeln des Patchworknähens vertraut sind, wird es Zeit, Ihre Kenntnisse in die Tat umzusetzen. Dieses Kapitel zeigt Ihnen alle Schritte vom Zuschneiden über das Zusammensetzen bis zum Einfassen des fertigen Samplerquilts, und bei jedem Schritt erweitern Sie Ihre Fähigkeiten. Wir haben traditionelle Blöcke und Quiltmuster gewählt, so daß Sie am Ende die gebräuchlichsten Techniken erlernt haben werden, die es Ihnen ermöglichen, viele weitere traditionelle Muster zu meistern.

In jeder Lektion gibt es Querverweise zu den entsprechenden Seiten der Musterbibliothek, falls Sie einen anderen Musterblock nähen möchten. Beachten Sie aber dann den veränderten Stoffbedarf.

Der Samplerquilt kann von Hand oder mit Maschine genäht werden, also können Sie die Methode wählen, die Ihnen am liebsten ist, oder die Techniken mischen.

Passend zu den traditionellen Mustern haben wir auch ein traditionelles Farbschema verwendet mit Altrosa, Graugrün und Naturweiß. Natürlich darf Ihr Farbschema völlig anders aussehen, doch achten Sie darauf, daß die Hell/Dunkelwerte (siehe Seite 32) mit den hier gezeigten vergleichbar sind (also Ihre Farbe A soll eine dunkle sein, B eine hellere Tönung davon, usw.). Ordnen Sie Ihre Stoffe den angegebenen Buchstaben zu.

Bevor Sie beginnen, waschen Sie Ihre Stoffe vor (siehe Seite 30). Wenn nötig, den Fadenlauf geradeziehen und die Stoffe dann bügeln.

SAMPLERQUILT

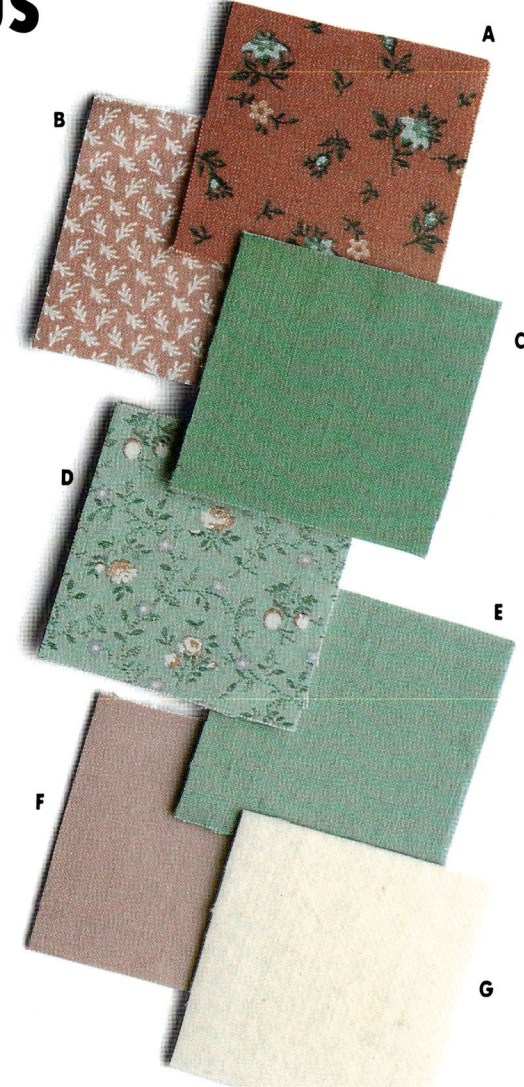

▼ *Dies sind Stoffproben der im Samplerquilt verwendeten 100% Baumwollstoffe mittlerer Stärke. Damit klar wird, welcher Stoff in welchem Stück verarbeitet wird, ist jeder Stoff kurz beschrieben und einem Buchstaben zugeordnet.*

Stoff A
dunkles Altrosa mit kleinen, hellgrünen Streublümchen

Stoff B
heller altrosa Hintergrund mit weißem Streumotiv

Stoff C
einfarbig dunkelgrün

Stoff D
hellgrüner Hintergrund mit Streublümchen in Rosa

Stoff E
einfarbig grün

Stoff F
einfarbig, mittlerer Rosaton

Stoff G
ungebleichter Nesselstoff

SO SIEHT IHR SAMPLERQUILT AUS

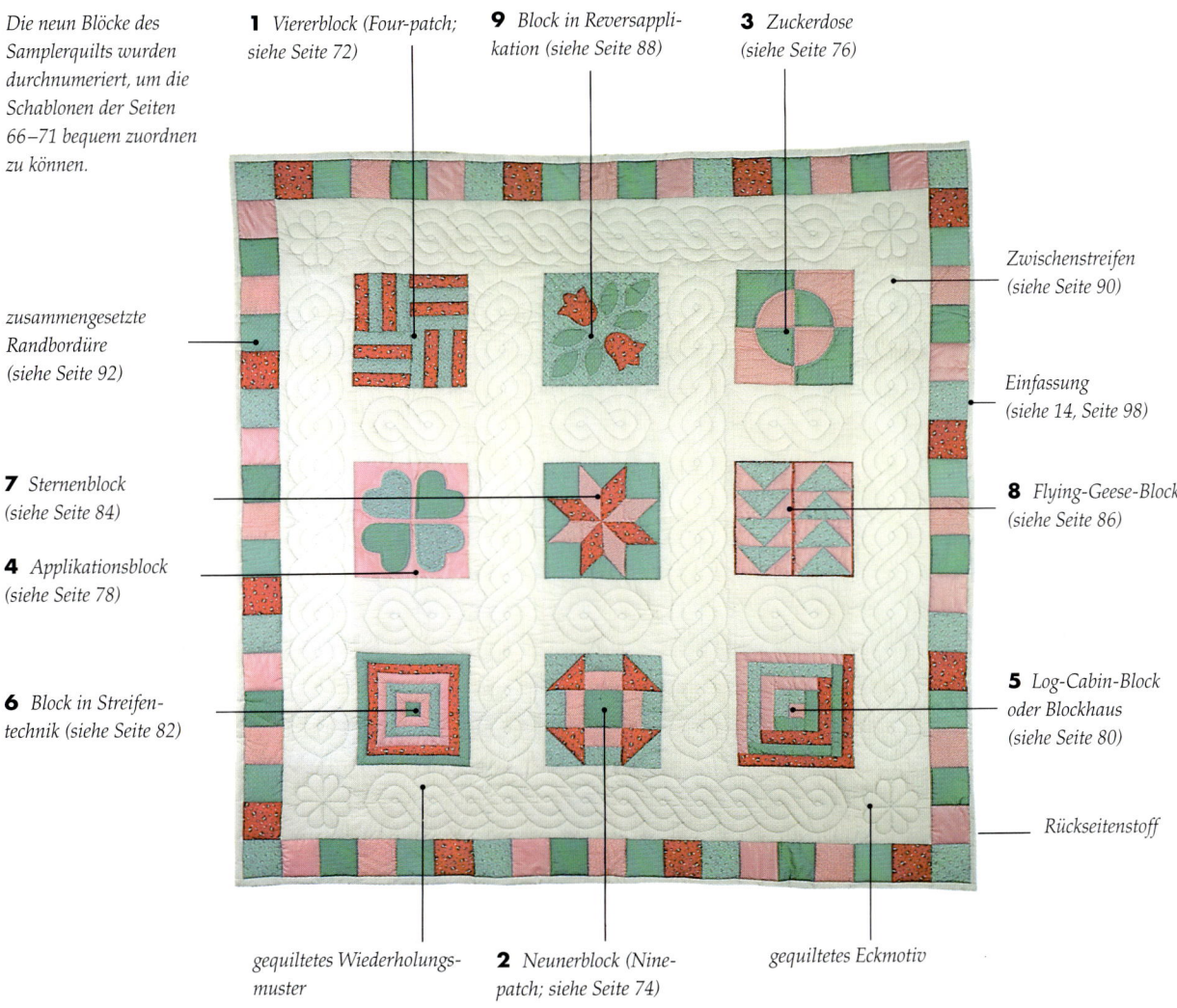

Die neun Blöcke des Samplerquilts wurden durchnumeriert, um die Schablonen der Seiten 66–71 bequem zuordnen zu können.

1 Viererblock (Four-patch; siehe Seite 72)

9 Block in Reversapplikation (siehe Seite 88)

3 Zuckerdose (siehe Seite 76)

Zwischenstreifen (siehe Seite 90)

zusammengesetzte Randbordüre (siehe Seite 92)

Einfassung (siehe 14, Seite 98)

7 Sternenblock (siehe Seite 84)

8 Flying-Geese-Block (siehe Seite 86)

4 Applikationsblock (siehe Seite 78)

6 Block in Streifentechnik (siehe Seite 82)

5 Log-Cabin-Block oder Blockhaus (siehe Seite 80)

Rückseitenstoff

gequiltetes Wiederholungsmuster

2 Neunerblock (Nine-patch; siehe Seite 74)

gequiltetes Eckmotiv

MATERIAL

Für den Samplerquilt benötigen Sie folgende Stoffmengen; jeder Stoff liegt 150 cm breit. Es ist hier bereits etwas Reserve einkalkuliert, falls Sie beim Zuschneiden einen Fehler machen. Aus dem verbleibenden Stoff können Sie ein passendes Kissen nähen.

Stoff A: 0,7 m
Stoff B: 0,7 m
Stoff C: 0,7 m
Stoff D: 0,7 m
Stoff E: 0,7 m
Stoff F: 0,7 m
Stoff G: 7,3 m

Außerdem:

2 Spulen Nähgarn, naturweiß

1 Stück mitteldickes Füllvlies, 200 x 200 cm als Wattierung

Quiltgarn in den Farben grün, rosa und naturweiß, wenn Sie handquilten, bzw. Nähgarn in den passenden Farben für das Maschinenquilten.

wasserlöslicher Markierstift

Quiltnadel, falls Sie handquilten

Rollschneider und Schneidematte

Grundausstattung zum Schablonenherstellen, Stoffschneiden und Nähen (siehe S. 26–29).

Auf dieser und den folgenden Seiten finden Sie sämtliche Schablonen für die Patchworkblöcke und für die Quiltmuster des Samplerquilts. Die Schablonen sind in Originalgröße abgebildet, Sie können Sie also ganz exakt direkt auf Papier, Karton oder Schablonenplastik durchpausen (siehe Seite 42) und als Schneidevorlage benutzen. Alle Nahtzugaben sind inklusive und betragen, wenn nicht anders angegeben,

Samplerquilt-Schablonen

SAMPLERQUILT

5 mm. Die Pfeile auf einigen der Schablonen zeigen den Fadenlauf an, der entweder längs oder quer liegen soll. Blöcke, die ohne Schablonen genäht werden, sind in der entsprechenden Lektion genau beschrieben.

Jede Schablone ist mit dem Blocknamen und der Blocknummer gekennzeichnet. Gibt es mehrere Schablonen pro Block, folgt nach der Blocknummer die Schablonennummer.

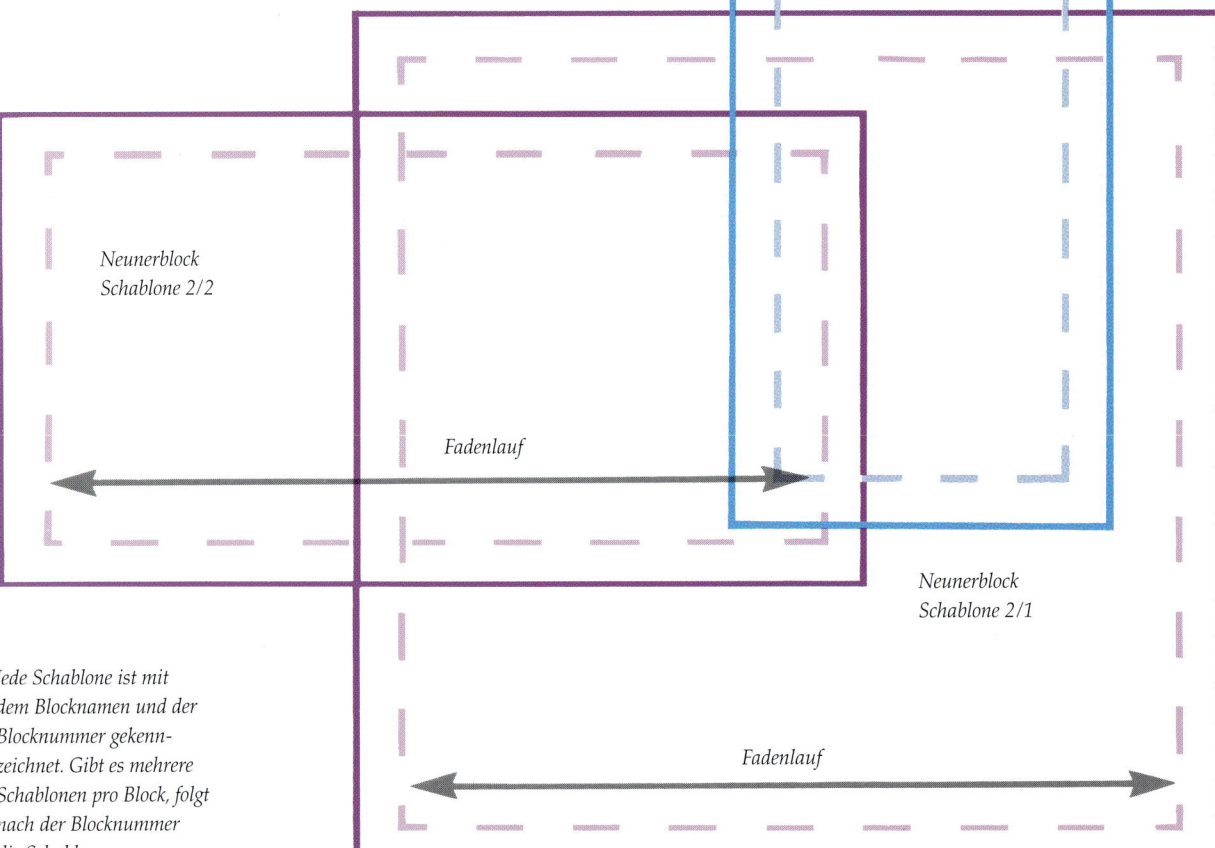

Viererblock Schablone 1

Fadenlauf

Neunerblock Schablone 2/2

Fadenlauf

Neunerblock Schablone 2/1

Fadenlauf

SAMPLERQUILT

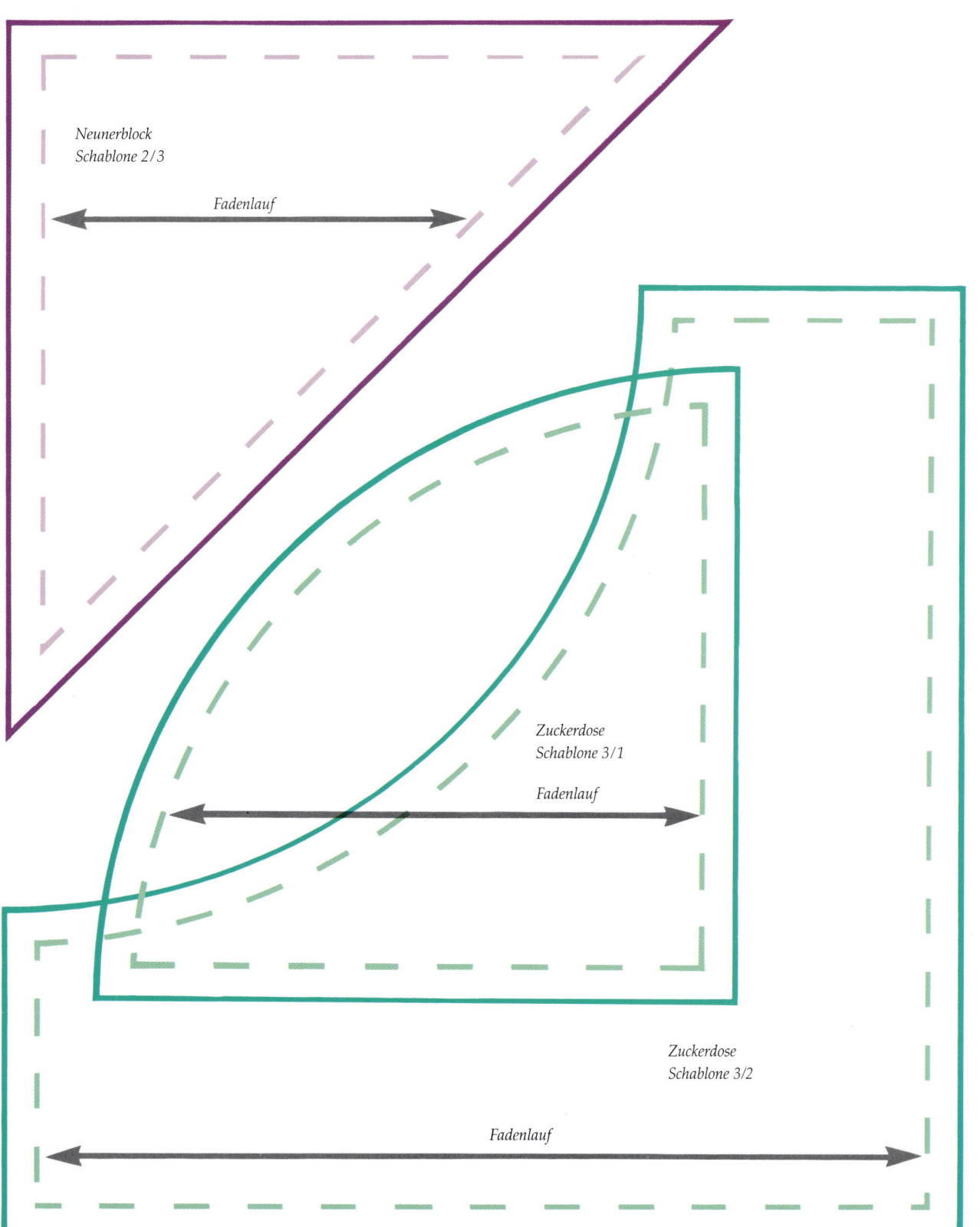

67

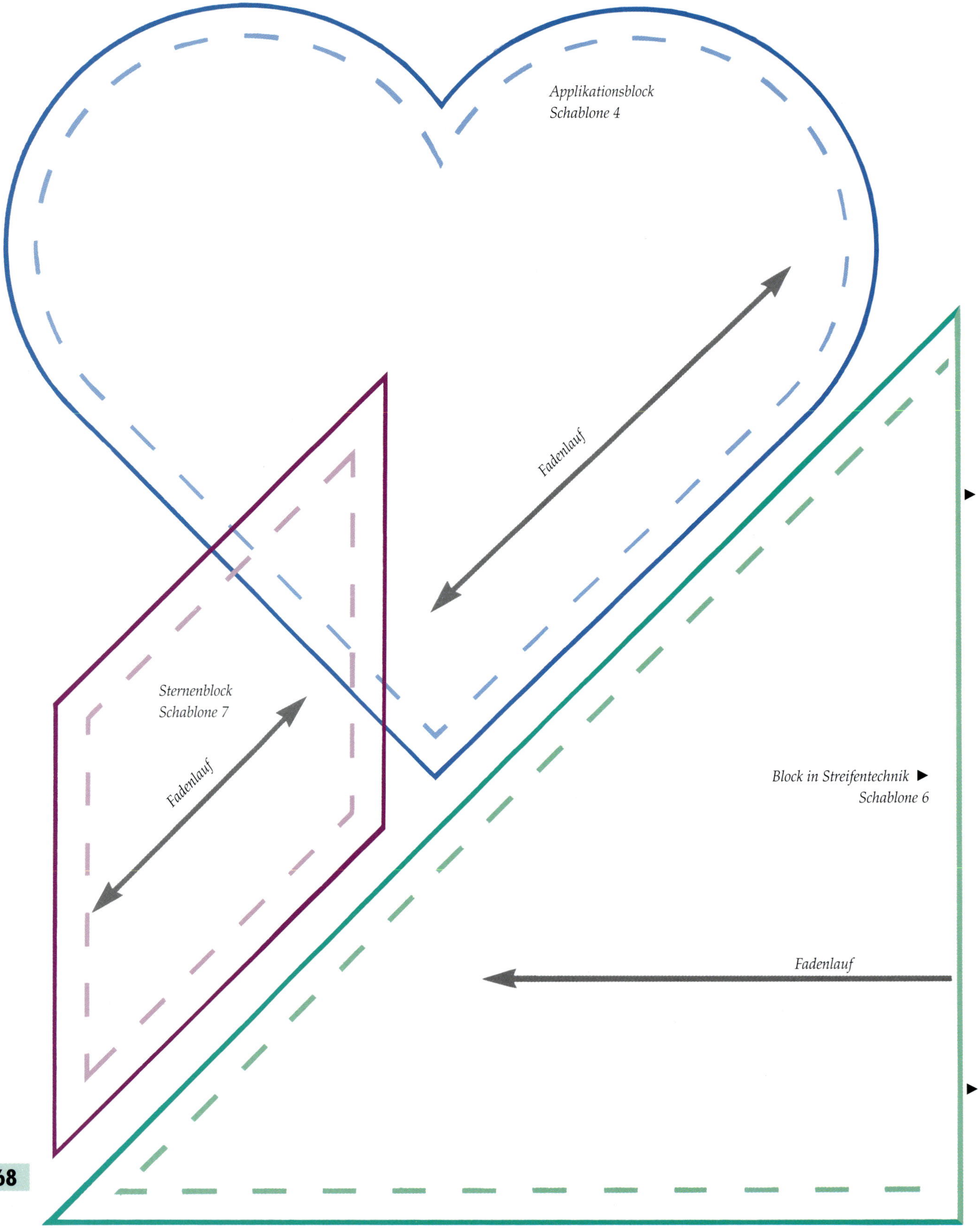

SAMPLERQUILT

*Applikationsblock
Schablone 4*

Fadenlauf

*Sternenblock
Schablone 7*

Fadenlauf

Block in Streifentechnik ▶
Schablone 6

Fadenlauf

68

SAMPLERQUILT

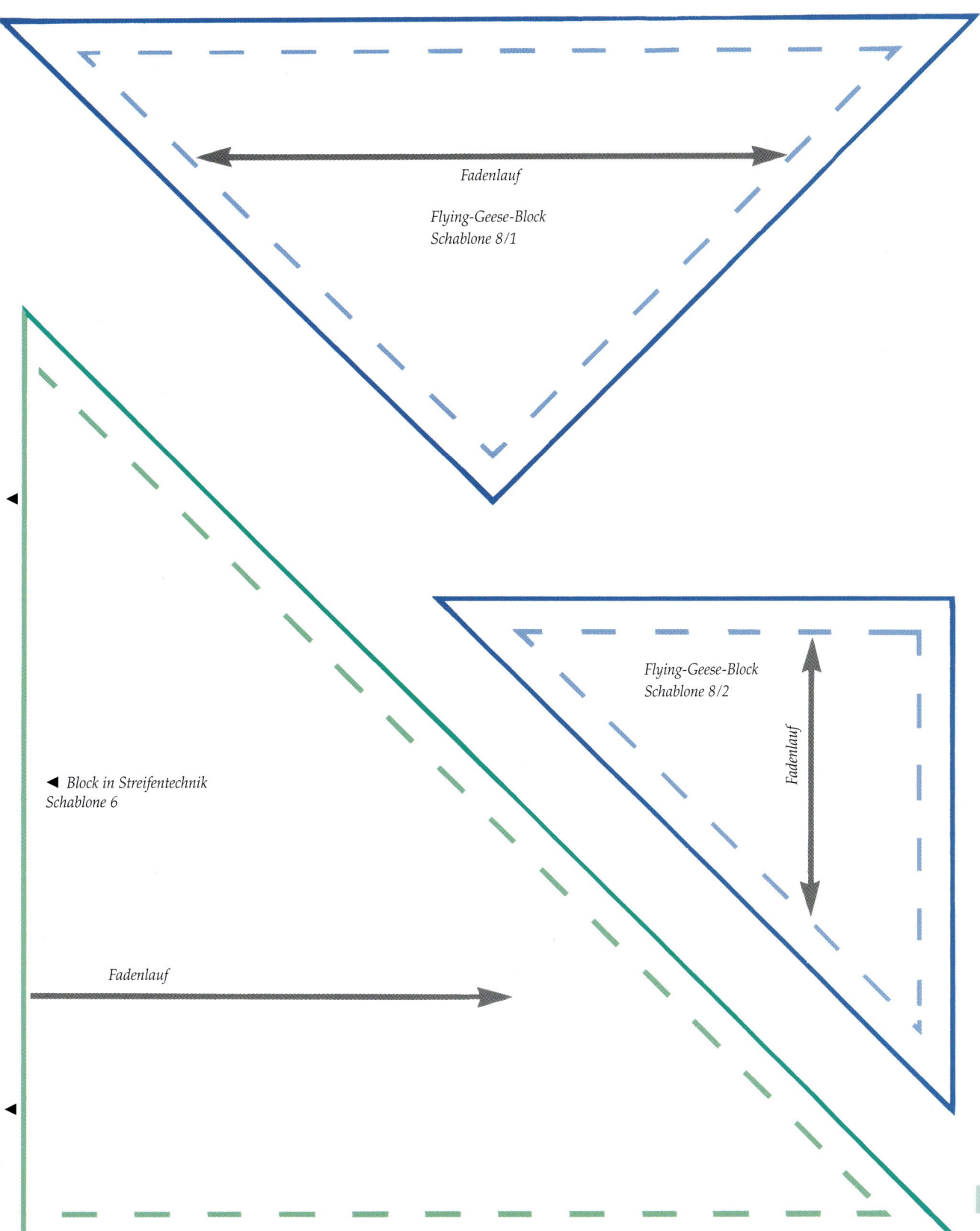

69

SAMPLERQUILT

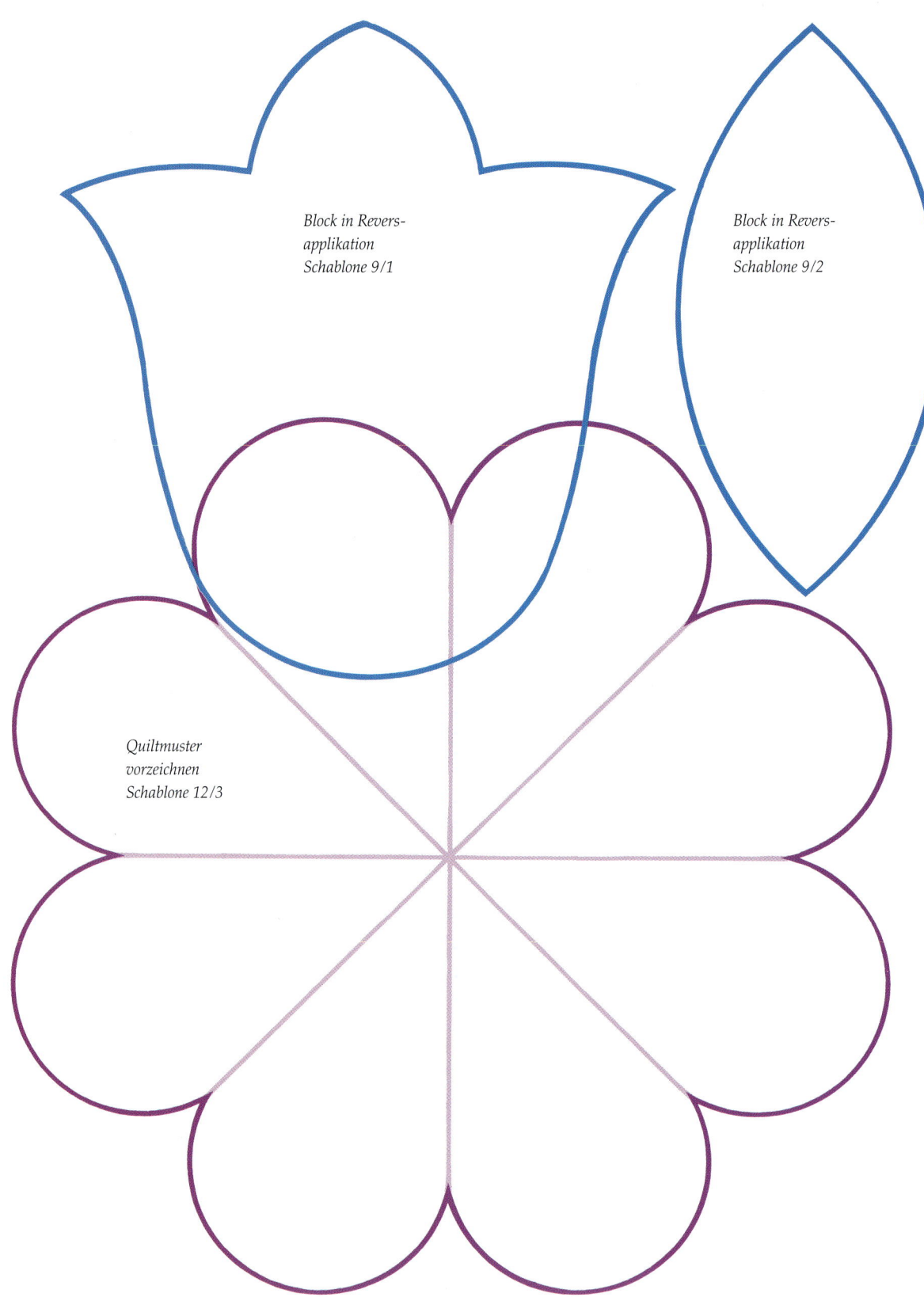

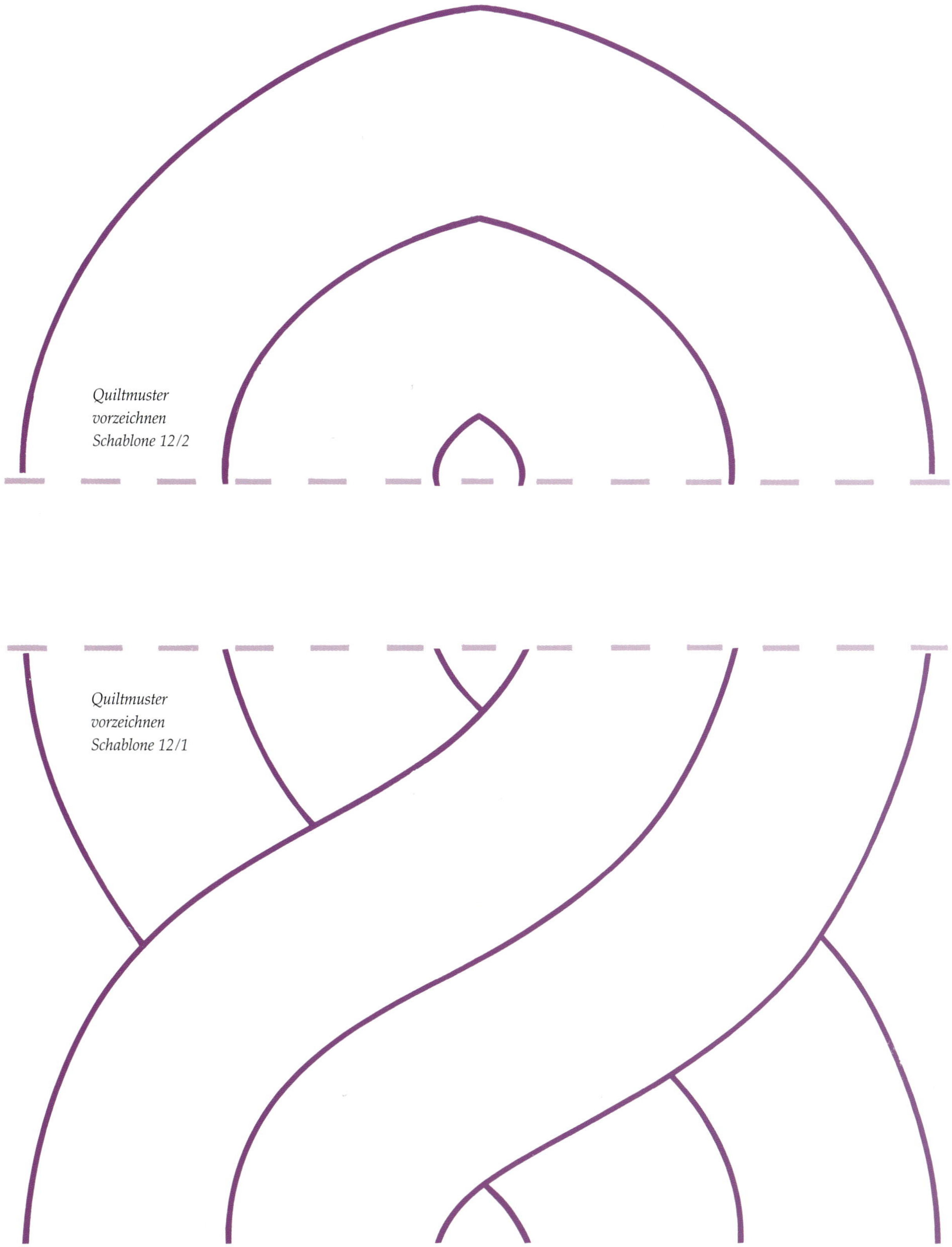

SAMPLERQUILT

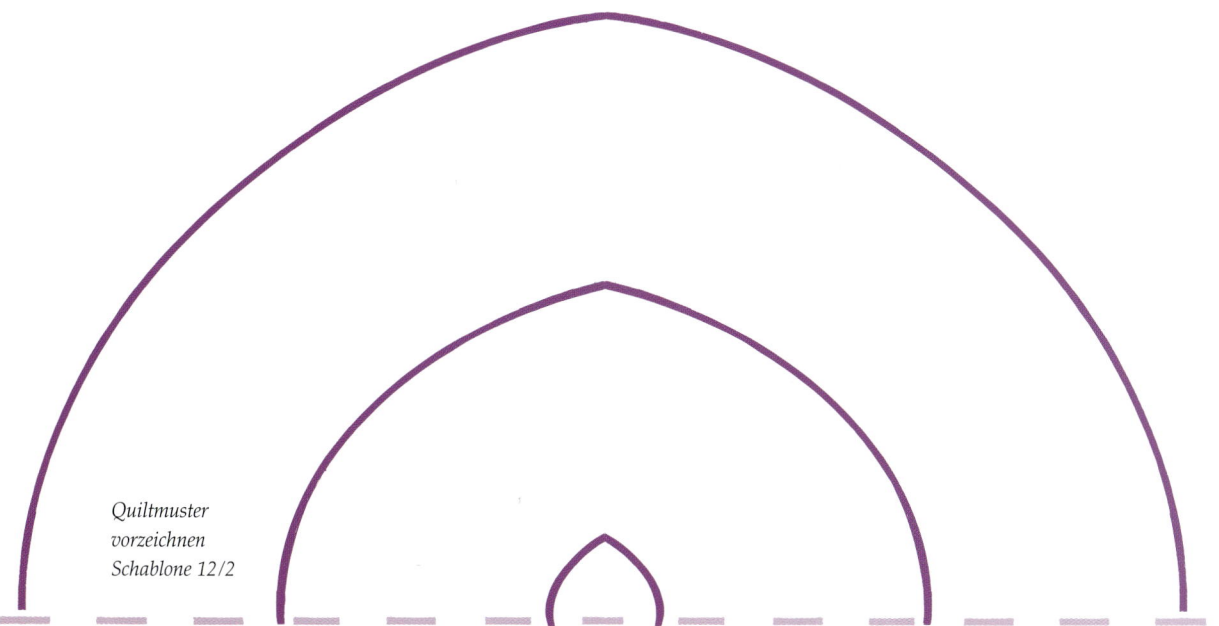

Quiltmuster vorzeichnen Schablone 12/2

Quiltmuster vorzeichnen Schablone 12/1

Ein Viererblock ist ein quadratisches Motiv, das aus vier separaten Bausteinen oder Einheiten besteht, die jeweils einzeln genäht und dann zum fertigen Block zusammengefügt werden. Es gibt viele Variationen von Viererblöcken, von denen eine Auswahl in der Musterbibliothek (Seite 126) gezeigt wird. In dieser Lektion lernen Sie den Aufbau des »Rail-Fence-Blocks«, eines einfachen Viererblocks. Man benötigt nur zwei Stoffe und

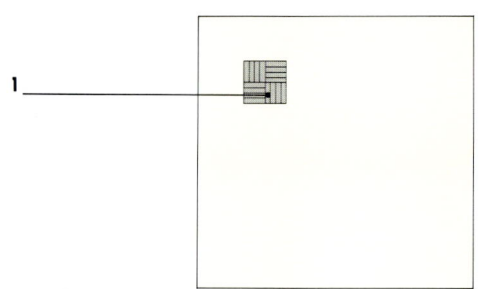

SAMPLERQUILT

1 Der Viererblock

eine Schablone, doch die Stoffe wechseln sich farblich ab, und zwei der Bausteine sind gedreht, so daß ein attraktiver Block entsteht. Eine große Auswahl an attraktiven Viererblocks finden Sie in der Musterbibliothek (S. 126/127).

▲ *Die abwechselnden Farben erzeugen Spannung, obwohl der Block ganz einfach zu nähen ist.*

SO ERKENNEN SIE EINEN VIERERBLOCK

Manche Blöcke, die in vier Einheiten aufgeteilt werden können, sind in Wirklichkeit viel komplexer. Ein Muster ist nur dann ein Viererblock, wenn es in vier Viertel geteilt werden kann, ohne daß eines der Stoffteile durchkreuzt wird.

Viererblock

Viererblock

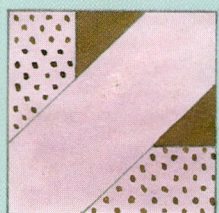

Kein Viererblock

DER VIERERBLOCK

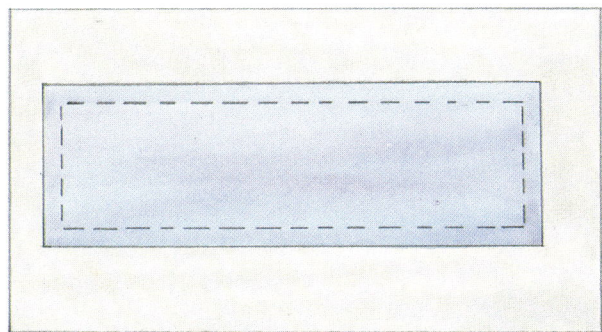

1 Schablone 1 von Seite 66 auf Karton übertragen und sehr exakt ausschneiden (siehe Seite 42, Schablonen herstellen). Fadenlauf mit aufzeichnen.

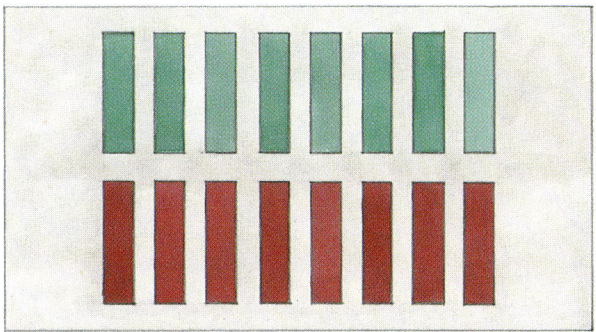

2 Mit Hilfe der Schablone 8 Teile aus Stoff A und 8 Teile aus Stoff D schneiden. Achten Sie darauf, daß der Pfeil im geraden Fadenlauf, längs oder quer, liegt.

3 Legen Sie immer ein Teil von Stoff A und eines von Stoff D nebeneinander. An den langen Kanten mit einer 5 mm Naht schließen, von Hand oder Maschine (siehe Seite 46, Zusammensetzen). Nahtzugaben zum dunklen Stoff bügeln.

4 Immer zwei der Stoffpaare nebeneinander legen, so daß Stoff A neben Stoff D zu liegen kommt. Naht schließen und Nahtzugaben zur dunklen Seite bügeln. Mit den anderen Teilen genauso verfahren. Sie haben nun die vier Basisteile des Blocks

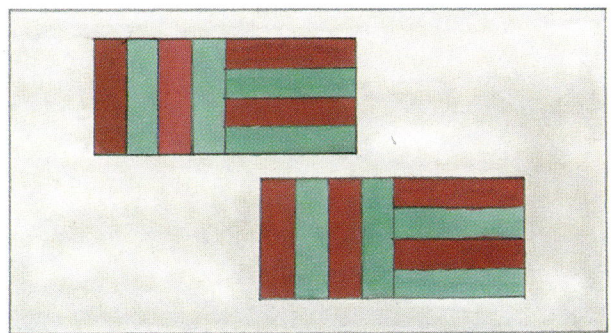

5 Ein Teil um 90° drehen, so daß die Streifen horizontal verlaufen. Rechts auf rechts an das Nachbarteil nähen, dessen Streifen vertikal sind. Nahtzugaben auseinanderbügeln. Ebenso die beiden anderen Teile verbinden.

6 Die beiden Hälften wie abgebildet zusammennähen und Nahtzugaben auseinanderbügeln. Fertig ist Ihr »Rail-Fence-Block«.

Wie aus dem Namen ersichtlich, sind Neunerblöcke in neun Abschnitte teilbar, die aus drei Reihen zu je drei Teilen bestehen. Neunerblöcke zu nähen macht Spaß, denn die größere Anzahl der Bauteile erhöht die Variationsmöglichkeiten. Neunerblöcke haben oft ein schlichtes Quadrat in der Mitte, das als farblicher Blickfang oder als Platz für ein besonderes Quiltmuster dienen kann. Wir haben den »Churn-Dash-Block«

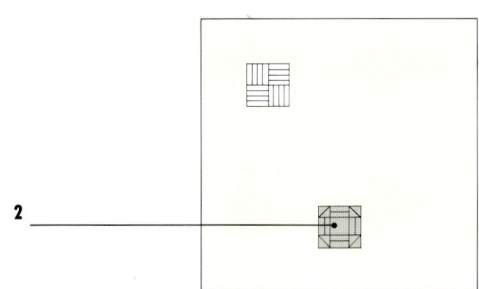

SAMPLERQUILT

2 Der Neuner-block

(Butterfaß) als zweiten Block unseres Samplerquilts gewählt. Er basiert auf einem gleichmäßigen Raster von neun Quadraten, benötigt nur drei Schablonen und gibt Ihnen Gelegenheit, diagonale Nähte zu üben.

Wie viele andere, hat auch mancher Neunerblock verschiedene Namen. Churn Dash (Butterfaß) oder Hole in the Barn Door (Loch in der Scheunentüre) heißen auch manchmal Wrench (Schraubenschlüssel); Jack-in-the-Box (Schachtelteufel) ist auch als Doppel-Z bekannt. Manche Neunermuster weichen in den mittleren Stoffteilen leicht vom klassischen Rezept ab und sind etwas schmaler als die äußeren Teile, doch die meisten sind aus neun gleich großen Quadraten aufgebaut.

▲ *Der fertige Block zeigt ein interessantes Zusammenspiel der verschiedenen Stoffe.*

SO ERKENNEN SIE EINEN NEUNERBLOCK

Die gebräuchlichsten Neunerblöcke sind aus neun gleichgroßen Quadraten aufgebaut (a), so daß man sie leicht erkennt. Doch auch komplexere Muster können Neunerblöcke sein. Prüfen Sie, ob man sie in drei Reihen zu drei Teilen dividieren kann, ganz gleich, wie breit. Beispiele b und c sind ebenfalls Neunerblöcke, obwohl sie, verglichen mit dem ganz einfachen Neunerblock, sehr verschieden aussehen.

Klassischer Neunerblock

Bärentatze (Variation)

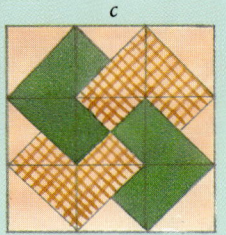

Kartentrick

DER NEUNERBLOCK

1 Schablonen 2/1, 2/2 und 2/3 von Seite 66 anfertigen. Schneiden Sie/ein Teil mit Schablone 2/1 aus Stoff C (siehe Seite 44, Stoff zuschneiden); je 4 Teile mit Schablone 2/3 aus den Stoffen B und D; je 4 Teile mit Schablone 2/3 aus den Stoffen A und D.

2 Nach Anleitung von Seite 46 (Zusammensetzen), die hellgrünen (Stoff D) und die dunkelrosa Dreiecke (Stoff A) rechts auf rechts an den langen Kanten zusammennähen. Stoff nicht dehnen! Sie erhalten vier gleiche zusammengesetzte Quadrate, die Einheiten a.

3 Die hellgrünen (Stoff D) und die hellrosa Rechtecke (Stoff B) rechts auf rechts an den langen Seiten zusammennähen. Sie erhalten vier weitere zusammengesetzte Quadrate, die Einheiten b.

4 Fügen Sie zwei a-Einheiten rechts und links an eine b-Einheit. Die hellgrünen Dreiecke und hellgrünen Rechtecke weisen nach oben. Zwei dieser Reihen nähen.

5 Die beiden restlichen a-Einheiten rechts und links an das dunkelgrüne Quadrat (Stoff C) nähen, die hellrosa Rechtecke liegen am Quadrat. Dies ist die mittlere Reihe des Blocks.

6 Alle drei Reihen aneinanderfügen (siehe Abb.), wobei alle hellrosa Rechtecke zum dunkelgrünen Mittelquadrat weisen. Dies ist Ihr fertiger Churn-Dash-Block.

Wie das Rail-Fence-Muster ist auch die Zuckerdose ein Viererblock aus vier gleichgroßen Quadraten. Man benötigt zwei Schablonen und lernt dabei Kurvennähte. Kurvennähte erschließen ganz neue Mustervariationen, denn sie lenken das Auge entlang geschwungener Linien, weg vom starren Raster des Blocks. Auf Seite 146 finden Sie Anregungen, wie Sie die Zuckerdosenform für komplexere Blöcke verwenden

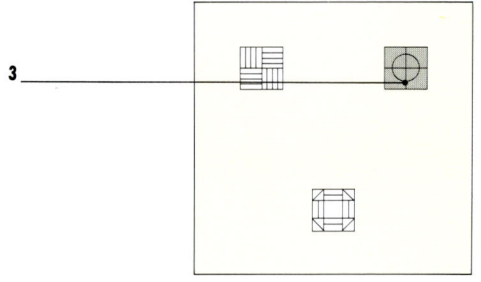

3

SAMPLERQUILT

3 Die Zuckerdose

können, wie z.B. Drunkard's Path (Weg des Betrunkenen) bei dem, wie der Name schon sagt, die Kurven auf dem Patchwork hin und her führen. Hier nähen wir aber nur diesen einen Block, dessen starker Farbkontrast allein durch zwei verschiedene Stoffe entsteht.

▼ *Der fertige Block zeigt einen starken Kontrast zwischen den beiden Stoffen.*

ZUSCHNEIDEN VON KURVENTEILEN

Beim Zuschneiden Ihrer Stoffe ist es sehr wichtig, ganz gleichmäßige Bögen zu schneiden. Schneiden Sie sehr sorgfältig mit Schere oder Rollschneider und verwenden Sie eine stabile Schablone. Dies ist wichtig, denn sonst würden Sie Ihre Schablone anschneiden, und sie wäre bald unbrauchbar.

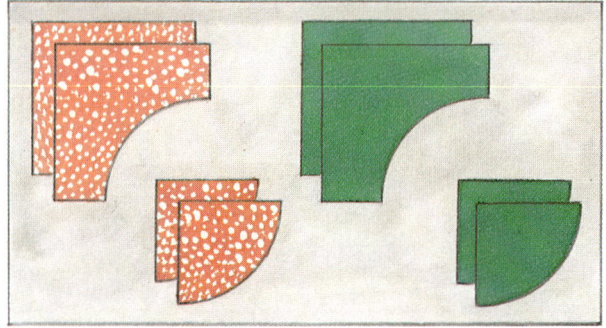

1 Fertigen Sie die Schablonen 3/1 und 3/2 von Seite 67 an. Mit Schablone 3/1 je zwei Teile aus den Stoffen B und D und mit Schablone 3/2 je zwei Teile aus den Stoffen B und C schneiden.

DIE ZUCKERDOSE

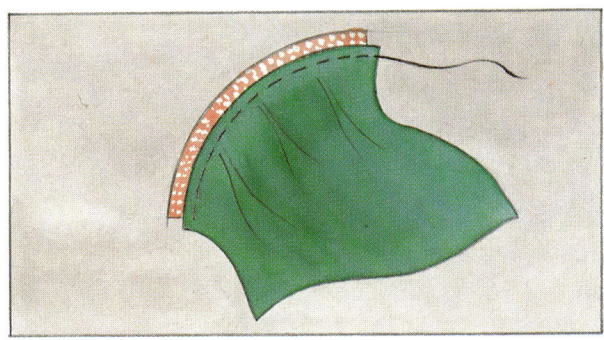

2 Nach den Anleitungen von Seite 47 (Kurvennähte), die gebogenen Seiten der rosafarbenen Viertelkreise (Stoff B) in die Innenkurve der großen grünen Teile (Stoff C) nähen.

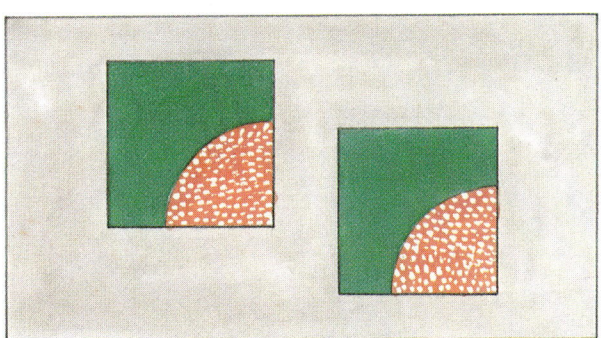

3 Stoffteile aufklappen. Sie haben nun zwei identische Teile: die Einheiten a.

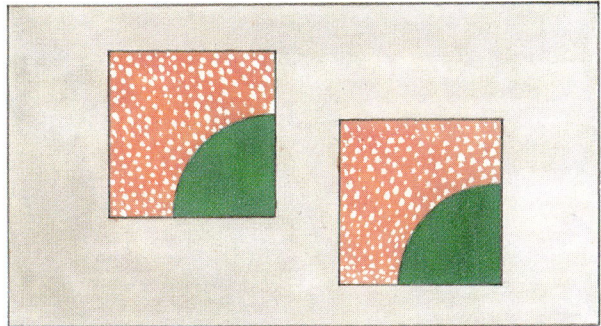

4 In gleicher Weise die grünen Viertelkreise (Stoff C) in die Innenkurven der großen rosa Teile (Stoff B) nähen. Dies sind die Einheiten b.

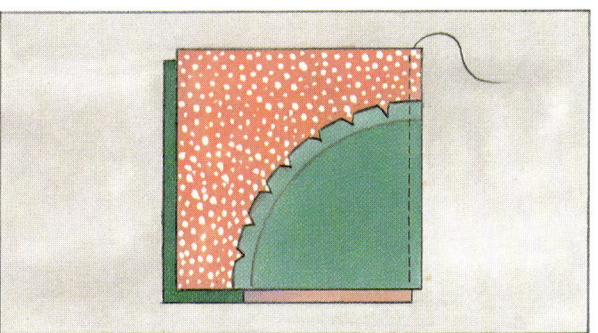

5 Eine Einheit a an eine Einheit b nähen, die Nahtkreuzungen exakt passend, so daß sich ein glatter Halbkreis formt.

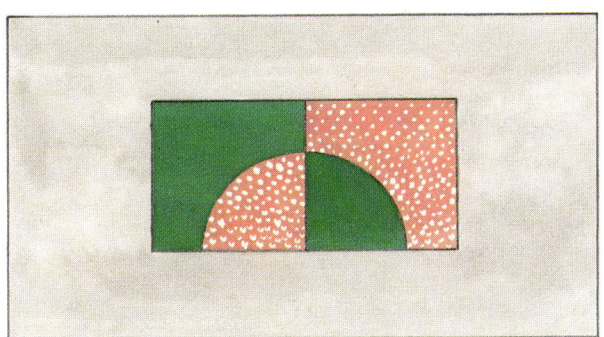

6 Aus den beiden anderen Einheiten einen identischen halben Block nähen.

7 Die beiden Hälften mit genau passenden Nähten aneinanderfügen. Es bildet sich ein kompletter Kreis in der Blockmitte.

Applizieren kann man von Hand oder mit Maschine. Beim Maschinennähen sind die Stiche immer sichtbar, auch wenn Sie am Motiv die Stoffkanten unterschlagen und mit einer geraden Nählinie aufsteppen. Es geht auch mit Satinstich, einem engen Zickzackstich, der die offen Schnittkanten bedeckt. Wenn Sie von Hand nähen, können Sie bestimmen, ob die Stiche nahezu unsichtbar werden sollen oder ob Sie einen

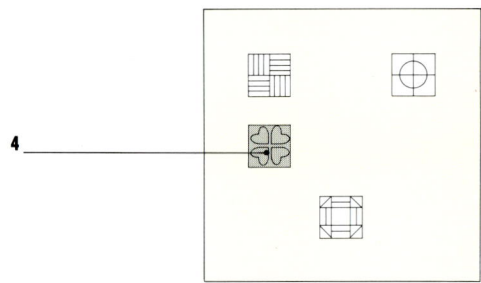

SAMPLERQUILT

4 Der Applikations-block

sichtbaren Zierstich wie Federstich oder Hexenstich anwenden.

Bei diesem Block zeigen wir Ihnen, wie die Kanten untergeschlagen und geheftet werden, bevor das Motiv auf dem Unterstoff arrangiert wird. Schneller geht das »Turn-as-you-Go«, bei dem immer eine kleine Strecke der Stoffkante untergeschlagen und sofort angenäht wird. Man kann auch die Motive aus »Freezerpapier« schneiden, einem einseitig gewachsten Einwickelpapier, bei dem die Stoffkanten auf der gewachsten Seite festgebügelt werden. Nach dem Applizieren wird der Stoff von der Rückseite aufgeschnitten und das Papier entfernt.

▲ *Der fertige Block: Vier Herzen aus grünem Stoff sind auf rosafarbenem Hintergrund arrangiert.*

Beim Handnähen kann der Faden leicht kringeln und Knoten bilden, was bei der Arbeit sehr stört. Dies können Sie ganz einfach verhindern, indem Sie den Faden über ein Stück Bienenwachs ziehen. Die Wachsschicht muß aber ganz dünn sein, sonst verfärbt sie den Stoff.

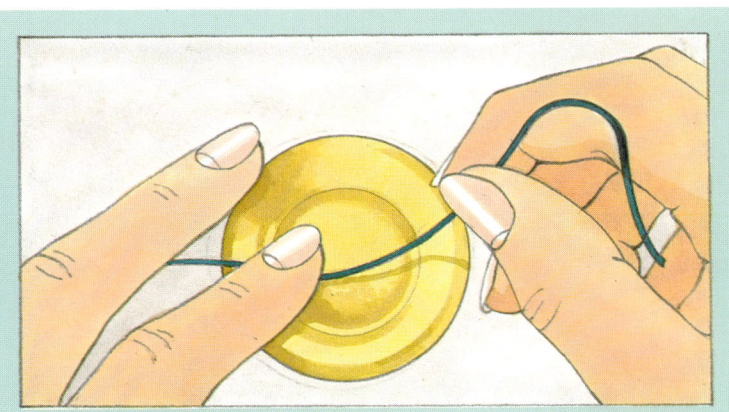

DER APPLIKATIONSBLOCK

1 Schablone 4 von Seite 68 durchpausen und eine Herzschablone anfertigen, wie auf Seite 42 beschrieben.

2 Mit der Schablone je zwei Herzen aus den Stoffen C und D schneiden (siehe Seite 44, Stoff zuschneiden).

3 An allen Kanten 5 mm um den Herzumriß unterschlagen. Wenn nötig, Kanten einschneiden, damit der Stoff glatt anliegt.

4 Ein 31,75 cm großes Quadrat aus Stoff F schneiden und in den Diagonalen falten. Dies ergibt die Orientierungslinien zum Plazieren der Herzen.

5 Herzen so anordnen und feststecken oder -heften, daß ein gleichbreites Stück des rosa Hintergrundstoffes zwischen den Herzen steht.

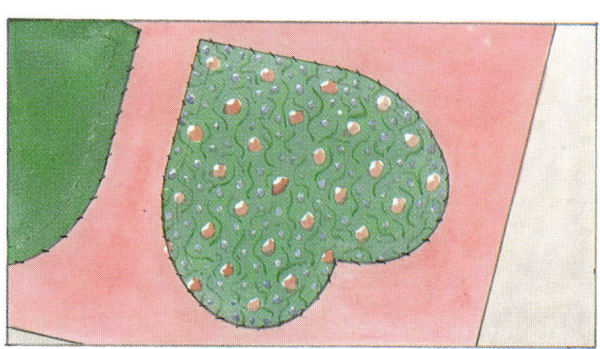

6 Mit grünem Faden im Blindstich festnähen, d.h. mit winzigen Saumstichen an der Kante ehtlang. Sie können den Hintergrundstoff unter den Herzen zurückschneiden, damit die Arbeit flacher wird.

Das Log-Cabin- oder Blockhausmuster ist eines der vielseitigsten Patchworkmuster, die es gibt. Man kann es in zwei oder fünfzig Farben nähen, die Streifen so breit wie man mag, die fertigen Blöcke vielfältig arrangieren und unendlich viele Muster bilden. Sogar fürs Streifennähen gibt es verschiedene Möglichkeiten. Die Log-Cabin-Muster auf den Seiten 136–139 zeigen nur einige der zahllosen Möglichkeiten.

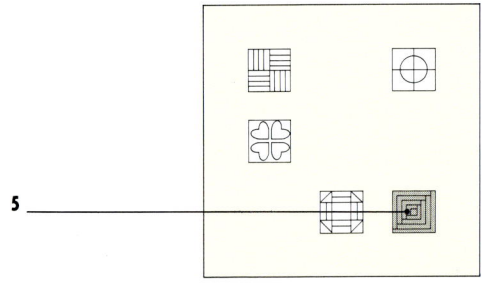

▼ *Der fertige Log-Cabin-Block hat eine helle und eine dunkle Seite, die Tag und Nacht darstellen sollen.*

5 Der Log-Cabin-Block

SAMPLERQUILT

Als Einführung in das Prinzip des Blockhauses, das sich vom Nähen anderer Blöcke unterscheidet, verwenden wir fünf verschiedene Stoffe für einen Standardblock.

Sie benötigen von jedem Stoff Streifen von 4,75 cm Breite. Ist dieses Maß für Sie schlecht einzuhalten, schneiden Sie 5 cm breit und nähen mit 7,5 mm Nahtzugabe. Mit Rollschneider und Schneidematte zuschneiden (siehe Seite 44, Stoff zuschneiden).

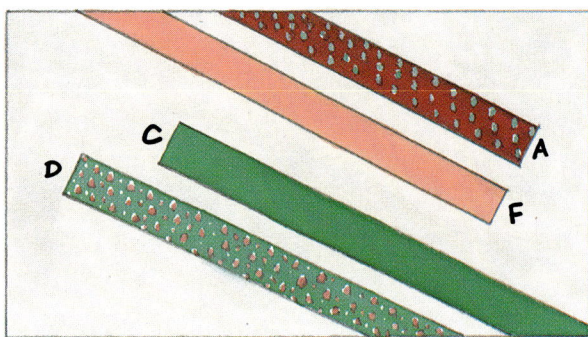

1 *Aus den Stoffen A und F Streifen von 4,75 cm Breite schneiden. Benötigte Gesamtlänge ist 36 cm, muß aber nicht an einem Stück sein. Von den Stoffen C und D ebenfalls Streifen schneiden, Gesamtlänge 90 cm. Im geraden Fadenlauf schneiden.*

2 *Aus Stoff G ein 31,75 cm in großes Quadrat schneiden und in den Diagonalen falten. Leicht bügeln und auffalten, die Bügellinien bilden ein Kreuz, an welchem Sie die Streifen gut ausrichten können.*

DER LOG-CABIN-BLOCK

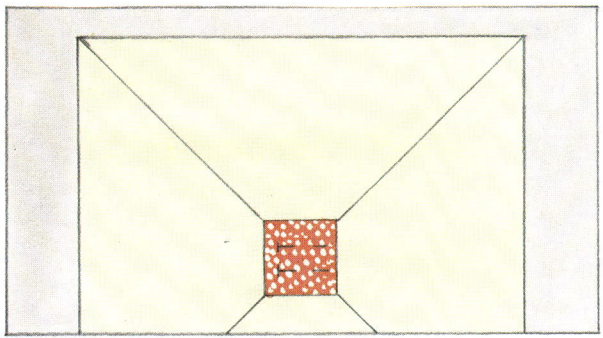

3 *Aus Stoff B ein 4,75 cm großes Quadrat schneiden und genau in die Mitte des großen Stoffquadrats legen. An den Bügellinien ausrichten.*

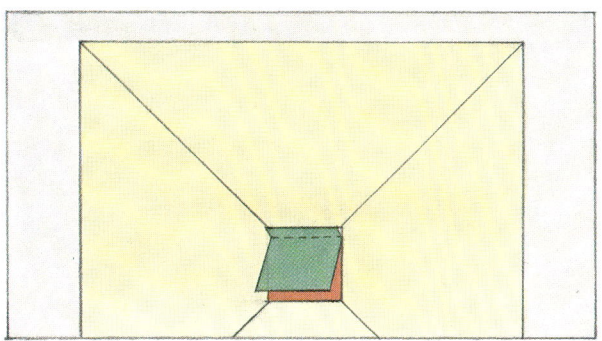

4 *Von Stoff D einen Streifen, so breit wie das kleine Quadrat, mit der rechten Seite nach unten über das Mittelquadrat legen, Kanten aufeinander. Mit 5 mm Nahtzugabe aufnähen (Hand oder Maschine)*

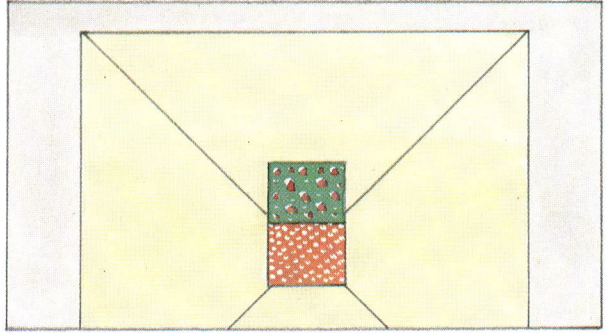

5 *Stoffstreifen aufklappen, die rechte Seite weist nach oben. Bügeln.*

6 *Einen weiteren Streifen D abschneiden, die Länge entspricht der Länge von Mittelquadrat und Kante des ersten Streifens, und an die zweite Seite nähen wie in Punkt 5.*

7 *An die beiden anderen Seiten Streifen aus Stoff C annähen. Arbeiten Sie auf diese Weise in derselben Richtung weiter, immer mit zwei Streifen F und zwei Streifen A für die nächste Runde. Die Streifen werden nach außen immer länger.*

8 *Die weiteren Streifen sind aus Stoff D und C und ganz außen aus Stoff F und A. Wichtig: immer dieselbe Richtung einhalten.*

Die Streifentechnik spart herrlich viel Zeit und führt trotzdem zu schönen Ergebnissen. Aus unterschiedlichen Stoffen werden Streifen geschnitten, oft sogar unterschiedlich breit, die dann an den Längskanten aneinandergenäht werden. Anschließend werden aus diesem Stück dann die geplanten weiteren Stoffteile geschnitten. Hier geht das Nähen mit der Maschine bedeutend schneller als von Hand. Die Stoffe

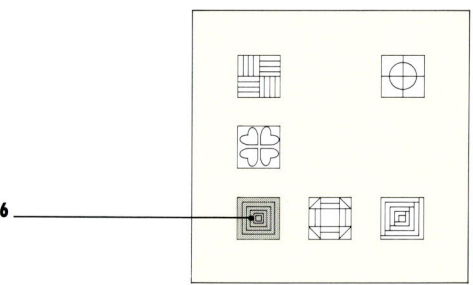

6

SAMPLERQUILT

6 Block in Streifentechnik

werden mit dem Rollschneider zugeschnitten (siehe Seite 44, Stoff zuschneiden), eine schnelle und genaue Methode. Wer mag, kann aber auch mit der Schere schneiden. Dieser Block entsteht aus gleich breiten Streifen von sechs unterschiedlichen Stoffen.

Wenn Sie die Streifen in unterschiedlichen Breiten schneiden und dann zum Block zusammensetzen, erhalten Sie einen schönen, zufällig wirkenden Effekt.

▲ Der fertige Block: Diese Streifenanordnung bildet ineinanderliegende, quadratische Formen, die zur Mitte hin immer kleiner werden.

VARIATIONEN

Streifen zusammensetzen

Beim Schneidern bleiben oft unregelmäßige, längliche Stoffreste übrig. Diese schneidet man grob in lange Dreiecksformen zurecht und näht sie an den Längskanten aneinander. Es entsteht ein zusammengesetztes Stoffstück, aus welchem wiederum Patchworkteile ausgeschnitten werden können. Nähen Sie diese Streifen auf einen dünnen Basisstoff nach der Methode »Festnähen-Aufklappen«, wie Sie es auf Seite 80 beim Log-Cabin-Block gemacht haben.

BLOCK IN STREIFENTECHNIK

1 Je zwei Streifen von 71 cm (28 in) Länge und 3,8 cm Breite aus den Stoffen A, B, C, D, E, F schneiden.

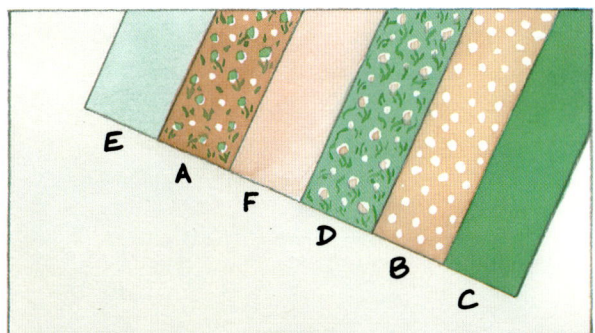

2 Nähen Sie je eine Farbe aller Streifen an den Längskanten aneinander (siehe Seite 46); in der Farbreihenfolge E, A, F, D, B, C. Zwei identische Stoffstücke herstellen.

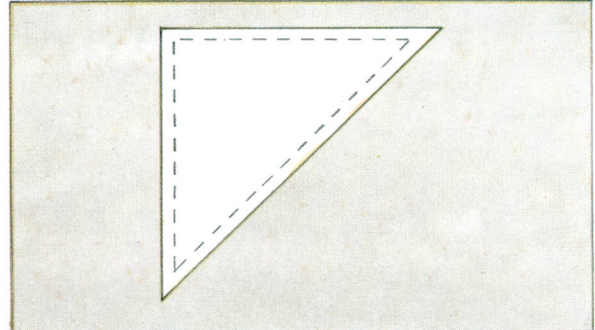

3 Schablone 6 von Seite 68 anfertigen (siehe auch Seite 42, Schablonen herstellen).

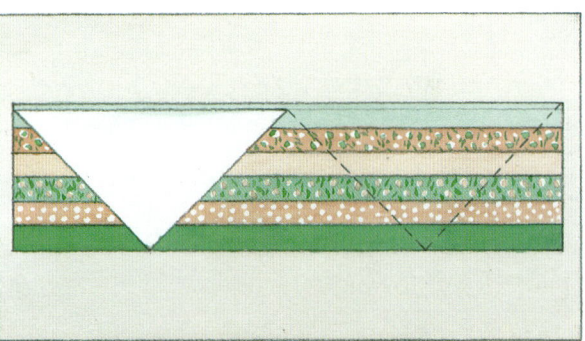

4 Mittels der Schablone aus jedem der genähten Streifenstücke jc zwei Dreiecke schneiden, die lange Seite des Dreiecks liegt jeweils an der Schnittkante des Stoffes E.

5 Je zwei der Dreiecke an den kurzen Seiten zusammennähen. Die Nahtlinien müssen exakt aufeinander treffen.

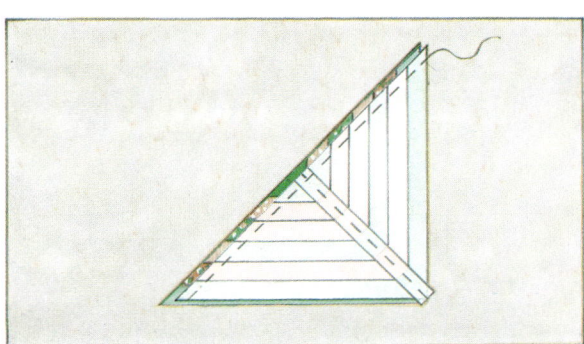

6 Die beiden Blockhälften an den langen Kanten zusammennähen, Stoffe und Nahtlinien müssen ganz genau zusammentreffen.

Wunderschöne Sternenblocks entstehen durch Rauten, man braucht sie nur im Kreis anzuordnen. Wie die Beispiele von Seite 132 zeigen, gibt es ganz außergewöhnliche Sterne, z.B. den »Stern von Bethlehem«, den man so groß arbeiten kann, daß er ein ganzes Doppelbett bedeckt. Der Stern für Ihren Samplerquilt ist nicht ganz so spektakulär, zeigt Ihnen aber den Umgang mit rautenförmigen Stoffteilen. Sie werden zusammengenäht und anschließend von Hand auf den Hintergrundstoff des Blocks appliziert.

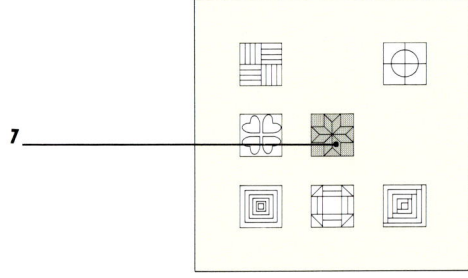

7

7 Der Sternenblock

SAMPLERQUILT

▼ *Der fertige Block zeigt einen deutlichen Kontrast zwischen hellen, mittleren und dunklen Farbtönen.*

Die Anzahl der Zacken wird durch den Winkel an den Sternenspitzen bestimmt. 45°-Rauten bilden einen achtzackigen Stern, die abwechselnden Farben von hellerem und dunklem Rosa lassen ihn plastisch erscheinen. Für Sterne mit sechs Zacken benötigen Sie 60°-Rauten. Mehr Zacken sind zwar möglich, können aber schwierig zu nähen sein, deshalb sind sechs- und achtzackige Sterne am häufigsten zu finden.

TIP

Damit der Stern richtig wirkt, muß jede Spitze ganz exakt und sauber gearbeitet sein. Die Spitzen gelingen schärfer, wenn man den überstehenden Stoff leicht zurückschneidet. Schneiden Sie das obere Ende der Spitze ab und legen Sie es um. Anschließend legen Sie eine Seite nach der anderen sorgfältig um.

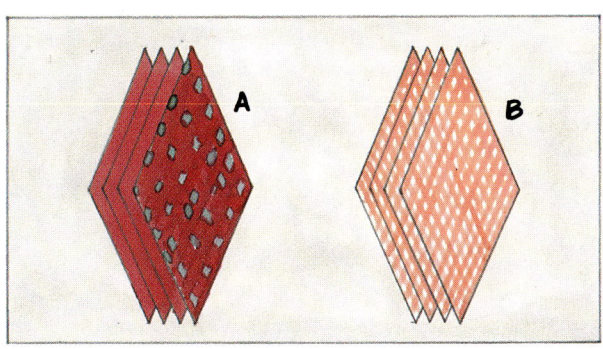

1 Schablone 7 von Seite 68 herstellen (siehe Seite 42, Schablonen herstellen) und jeweils vier Teile aus den Stoffen A und B zuschneiden.

DER STERNENBLOCK

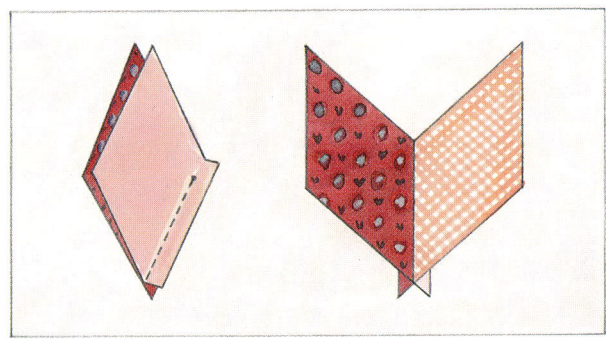

2 *Nähen Sie je eine Raute aus Stoff A und B rechts auf rechts zusammen. Nach der Anleitung von Seite 46 (Stoff zusammensetzen) vorgehen. Eine Seite a des Stoffteils A stößt an b von Stoffteil B.*

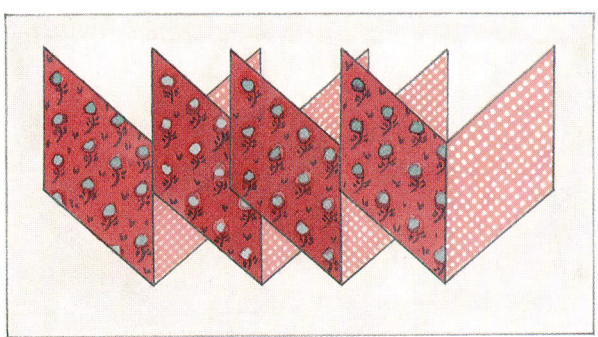

3 *Wiederholen Sie dies mit allen Rautenpaaren für vier identische V-Einheiten. Überall die ersten 5 mm der Nähte offenlassen, um später die Nahtzugaben leichter unterschlagen zu können.*

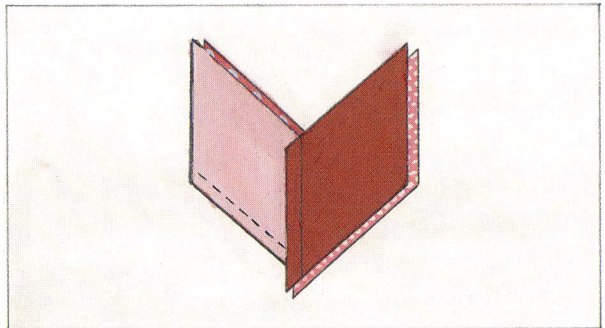

4 *Zwei der Einheiten rechts auf rechts legen und an der rechten unteren Kante zum halben Stern zusammennähen. Wieder die Naht 5 mm offen lassen.*

5 *Mit den restlichen Einheiten genauso verfahren. Sie haben nun zwei gleiche halbe Sterne.*

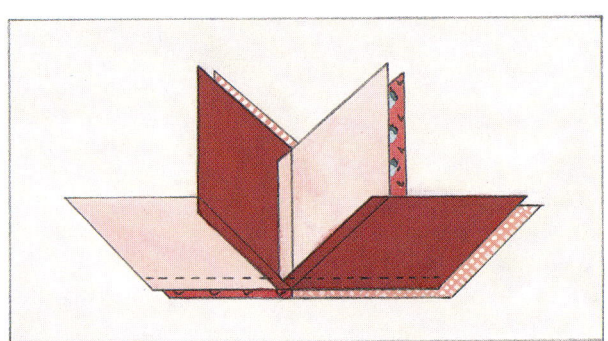

6 *Die beiden halben Sterne rechts auf rechts aufeinanderlegen und die letzte Naht schließen. Wieder 5 mm an jedem Ende offen lassen.*

7 *An allen Kanten 5 mm unterschlagen und heften. Nach Anleitung von Seite 78 (Applikationsblock) von Hand in die Mitte eines 31,75 cm großen Quadrats aus Stoff E applizieren. Ihr Sternenblock ist fertig.*

Dieser hübsche Block ist aus zwei Teilen zusammengesetzt und stellt eine Variation des traditionellen Flying-Geese-Musters (Fliegende Wildgänse) dar, das stets aus rechtwinkeligen Dreiecken besteht, deren Spitzen in dieselbe Richtung weisen. Man kann die Gänse rund um den Block fliegen lassen oder nur in einer Richtung oder als Bordüre rund um den ganzen Quilt (siehe Seite 150, Zusammengesetzte Randbor-

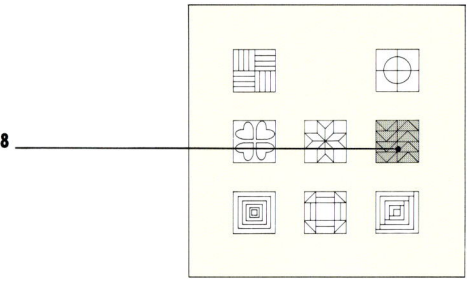

8 Der Flying-Geese-Block

SAMPLERQUILT

▼ *Im fertigen Block fliegen zwei Vierergruppen von Gänsen in verschiedene Richtungen.*

düren). In unserem Block fliegt der eine Schwarm nach Süden und der andere nach Norden.
Dies ist der schwierigste Block Ihres Samplerquilts, und Sie müssen ganz genau arbeiten, sowohl bei den Schablonen (siehe Seite 42) als auch beim Stoffzuschneiden (siehe Seite 44).

ARBEIT MIT DER SCHNEIDEMATTE

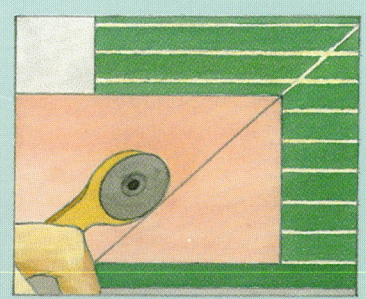

Ihre zugeschnittenen Dreiecke werden viel genauer, wenn Sie Rollschneider, Quiltlineal und eine Schneidematte mit entsprechendem Rasteraufdruck benutzen. Zuerst einen Stoffstreifen so breit wie die kurze Seite der kleinen Dreiecke schneiden. Entlang der auf der Matte aufgedruckten 45°-Linie das Quiltlineal anlegen und Dreiecke vom Streifen schneiden. Ebenso mit den großen Dreiecken verfahren, mit breiteren Stoffstreifen und den großen Schablonen.

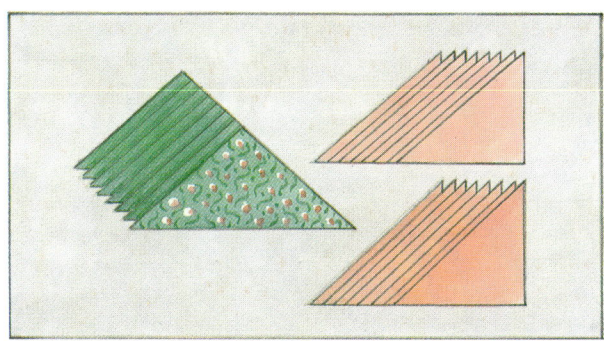

1 Schablonen 8/1 und 8/2 von Seite 69 herstellen. Mit Schablone 8/1 aus Stoff D acht Teile und mit Schablone 8/2 aus Stoff F 16 Teile schneiden.

DER FLYING-GEESE-BLOCK

2 Nach Anleitung von Seite 46 (Stoff zusammensetzen) jeweils die lange Seite eines rosafarbenen Dreiecks (Stoff F) an die rechte kurze Seite jedes grünen Dreiecks (Stoff D) nähen. Bügeln.

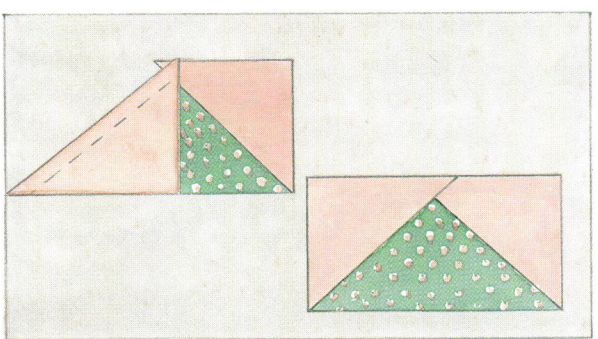

3 Die langen Seiten der restlichen rosa Dreiecke (Stoff F) an die linke Schräge der großen grünen Dreiecke nähen. Sie haben jetzt acht identische Rechtecke.

4 Diese Rechtecke in Vierergruppen aneinandernähen, die grünen Dreiecke müssen dabei alle in dieselbe Richtung weisen und die Stoffspitzen genau auf die Naht treffen.

5 Aus Stoff A drei Streifen schneiden, 2 cm breit und 30 cm lang, sowie zwei Streifen 2 cm breit und 31,75 cm lang.

6 Einen der kürzeren Streifen zwischen die beiden Teile des Blocks nähen, deren grüne Dreiecke jeweils in entgegengesetzter Richtung verlaufen sollen. Die beiden anderen Streifen rechts und links davon annähen.

7 Die längeren Streifen oben und unten anfügen, immer mit einer 5 mm breiten Naht. Nun ist auch Ihr Flying-Geese-Block fertig.

Dieser Block führt Sie in eine neue Technik ein, die Reversapplikation. Hier werden nicht Stoffteile **auf** einen Hintergrundstoff appliziert wie bei Block 4, sondern Sie legen den zweiten Stoff **unter** den Hintergrundstoff, der dann weggeschnitten wird und den untenliegenden Stoff sichtbar macht.

Genau wie die Motive in der üblichen Applikationstechnik einen leicht plastischen Eindruck

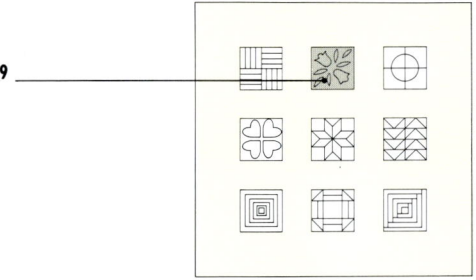

SAMPLERQUILT

9 Der Block in Reversapplikation

erwecken, so verleiht auch diese Technik dem umgebenden Stoff eine leicht erhabene Wirkung, da seine Kanten untergeschlagen und festgenäht werden.

Es gibt viele Methoden der Reversapplikation und viele Variationen dieser Methoden; doch für Block Nr. 9 haben wir die einfachste gewählt, und so können Sie jedem konventionellen Applikationsmuster (siehe Seite 134) zu einem neuen Effekt verhelfen.

Eine bekannte Technik ist die der Indiofrauen der San Blas Inseln. Ihre traditionelle Kleidung ist eine ärmellose Bluse, Mola genannt, mit Einsätzen in Reversapplikation auf Brust und Rückenteil. Diese farbenprächtigen Einsätze zeigen halbnaturalistische Abbildungen von Pflanzen, Menschen, Tieren und Mythen der lokalen Folklore. Es werden mehrere Stofflagen benutzt, deren Linienränder oft zusätzlich mit dichten Stickstichen bedeckt werden.

▶ *Der fertige Block: Rote Tulpen und grüne Blätter ergeben auf hellgrünem Hintergrund ein hübsches Motiv.*

1 Schablonen 9/1 und 9/2 von Seite 70 herstellen. Aus Stoff D ein 31,75 cm großes Hintergrundstoffquadrat zuschneiden und diagonal falten. Dieser Falz dient dem gleichmäßigen Ausrichten der Motive.

DER BLOCK IN REVERSAPPLIKATION

2 Tulpen- und Blätterformen in der endgültigen Anordnung mit weichem Bleistift vorzeichnen, das Motiv liegt spiegelbildlich entlang der Orientierungslinie. Die Teile müssen einen Mindestabstand von 1,25 cm vom Blockrand haben.

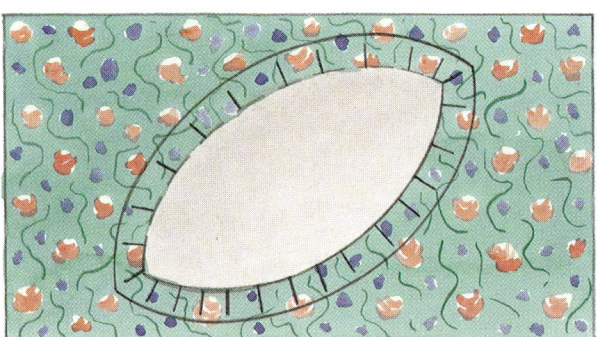

3 Mit einer scharfen, kleinen Schere 5 mm innerhalb der Bleistiftlinien ausschneiden und vorsichtig die Kurven einschneiden. Auch in den Ecken einschneiden.

4 Mit Hilfe der Tulpenschablone zwei Teile aus Stoff A ausschneiden, rundum mindestens 1,25 cm größer als die Schablone.

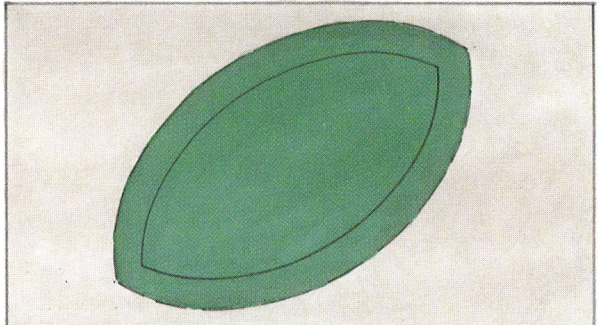

5 Mit der Blattschablone sechs Teile aus Stoff C schneiden, ebenfalls mindestens 1,25 cm größer als die Schablone.

6 Die dunkelrosa Tulpen mit der rechten Stoffseite nach oben unter die tulpenförmigen Löcher des Hintergrundstoffs heften. Ebenso die grünen Teile unter die blattförmigen Löcher heften.

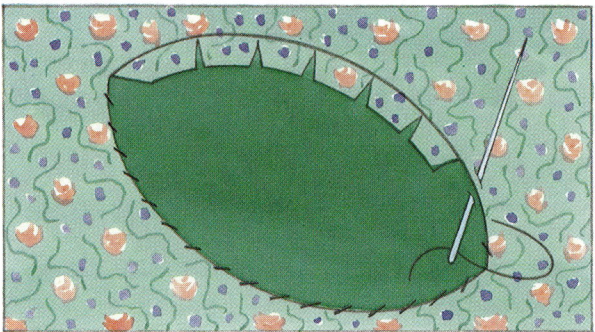

7 Die Kanten des Hintergrundstoffs gerade so weit unterschlagen, daß die Bleistiftlinie verschwindet. Stoffkante mit Blindstichen auf die darunterliegenden Teile nähen. Kanten glatt umschlagen, so daß sich ein weicher Umriß formt.

Sie haben neun Blöcke für Ihren Samplerquilt genäht, die Sie nun zusammensetzen können. Dafür werden als erstes Zwischenstreifen, auch Gitterstreifen genannt, zwischen die Blöcke gesetzt. Nicht alle Blockquilts brauchen Zwischenstreifen (siehe Seite 38), vor allem, wenn die Quilterin ein übergeordnetes Design plant, das sich nur bilden kann, wenn die Blöcke direkt aneinander grenzen. Zwischenstreifen in einer neu-

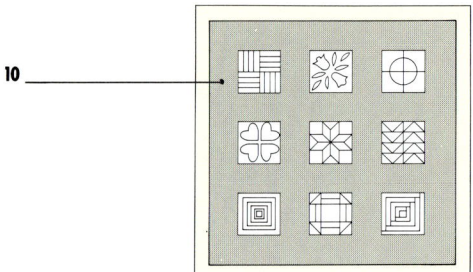

10 Anordnung der Blöcke

SAMPLERQUILT

tralen Farbe trennen Ihre Blöcke optisch sehr vorteilhaft und vereinen sie gleichzeitig zu einem harmonischen Ganzen.

Die Blöcke werden so angeordnet, daß das Gleichgewicht von Farben und Farbtönen gewahrt bleibt. Legen Sie sie auf dem Fußboden aus, damit Sie die richtige Anordnung finden.

▲ *Die Patchworkoberseite nimmt Gestalt an; Zwischenstreifen aus Nessel trennen die Blöcke.*

ZWISCHENSTREIFEN WÄHLEN

Die Wahl hängt davon ab, welchen Gesamteindruck Sie erreichen möchten. An einem Quilt mit vielen, ähnlichen Blöcken können schmale Zwischenstreifen gut aussehen, vielleicht sogar farblich den Stoffen angeglichen, die im Patchwork vorkommen.

Haben Sie hauptsächlich unifarbene Stoffe verarbeitet, können die Zwischenstreifen als Kontrast gemustert sein. Sie können aber auch einen sehr viel helleren oder viel dunkleren Stoff nehmen, der wie Balken über den Quilt verläuft.

ANORDNUNG DER BLÖCKE

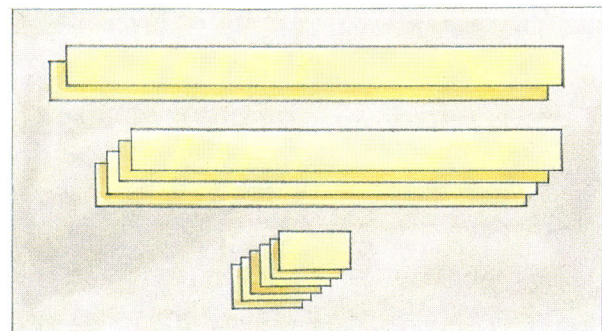

1 Streifen aus Stoff G in folgenden Maßen schneiden:
6 Streifen 22 × 31,75 cm,
4 Streifen 22 × 133,5 cm,
2 Streifen 22 × 174 cm.

2 Mit jeweils 5 mm Nahtzugabe einen kurzen Streifen zwischen den Rail-Fence-Block und den Applikationsblock, einen zweiten zwischen den Applikationsblock und den Block in Streifentechnik nähen.

3 Genauso die zweite Reihe arbeiten: den Block in Reversapplikation links, den Sternenblock in die Mitte und den Churn-Dash-Block rechts.

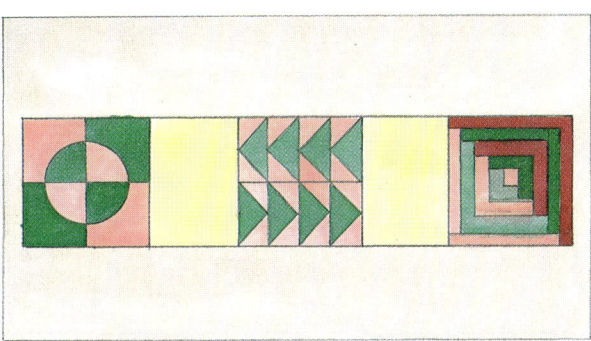

4 In der dritter Reihe steht die Zuckerdose links, die Flying Geese sind in der Mitte plaziert und der Log-Cabin-Block rechts. Achten Sie darauf, daß die Gänse auf und ab fliegen und daß die dunkle Hälfte des Log Cabin außen liegt.

5 Die mittellangen Nesselstreifen zwischen die Reihen und rechts und links außen annähen. Der Sternenblock soll im Zentrum der Patchworkoberseite liegen.

6 Oben und unten die beiden langen Nesselstreifen anfügen.

Das Anfügen einer einfachen Randbordüre ist die letzte Tat, bevor Sie mit den Vorbereitungen zum Quilten beginnen. Diesen Rand nähen Sie mit jener Methode, die Sie bereits bei dem Block in Streifentechnik (siehe Seite 80) angewendet haben, nur in größerem Maßstab.

Die Quadrate messen 10 cm, so daß die Nähte mit den Blockkanten abschließen. Achten Sie beim Zusammenfügen unbedingt darauf, denn dann

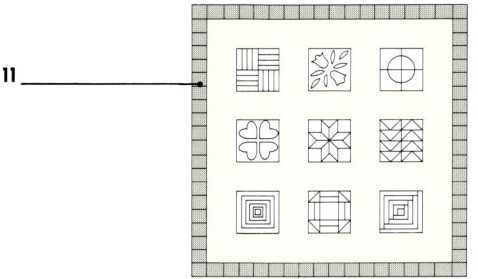

11 Randbordüre anfügen

SAMPLERQUILT

sieht der Quilt gleichmäßig aus. Sie benötigen 72 Quadrate rundum, also sollten sich immer sechs Farben 12 x wiederholen. Behalten Sie die Farbreihenfolge bei, so daß das Auge nicht abgelenkt wird.

▶ *Die fertige Patchworkoberseite: der Rand greift die Farben der Blöcke wieder auf.*

Detail der Randbordüre

1 *Die Stoffe A, B, C, D, E und F in 11,5 cm breite Streifen schneiden. Sie benötigen 150 cm pro Stoff, doch können Sie auch 2 × 75 nehmen und zwei Streifenstücke nähen, wie bei dem Block in Streifentechnik.*

RANDBORDÜRE ANFÜGEN

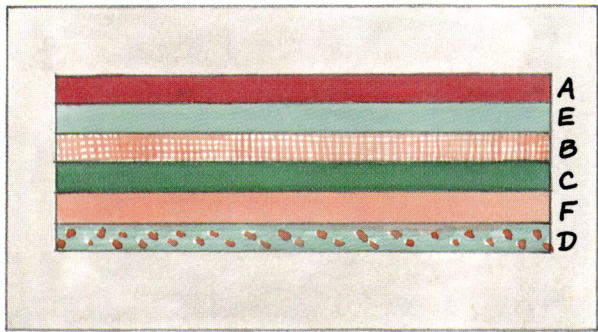

2 Mit 5 mm Nahtzugabe die Streifen in der Reihenfolge A, E, B, C, F, D aneinandernähen. Sie erhalten ein gestreiftes Stoffteil (oder zwei kleinere) in welchem jeder Streifen 10 cm breit ist.

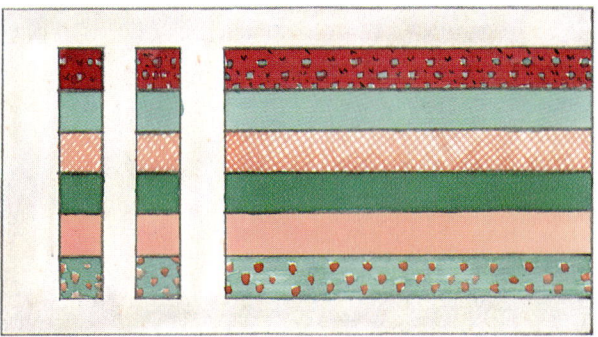

3 Mit dem Rollschneider (siehe Seite 44, Stoff zuschneiden) Streifen von 11,5 cm Breite vom zusammengesetzten Stoffteil quer abschneiden.

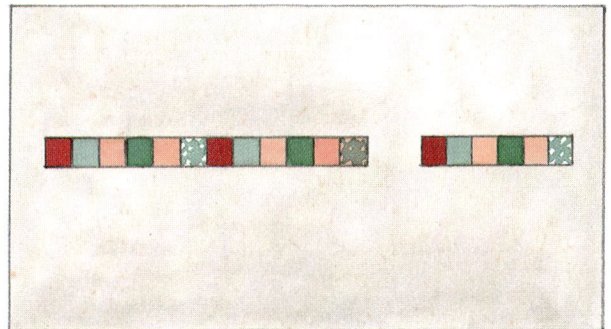

4 Immer drei dieser neuen Streifen hintereinandernähen. Dies ergibt vier Streifen mit je 18 Quadraten. Farbreihenfolge nicht verändern.

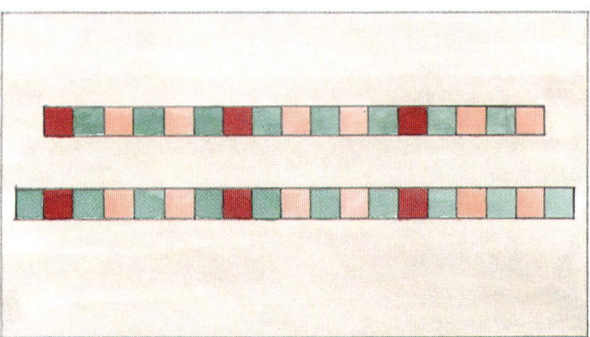

5 Von zweien der Streifen das letzte Quadrat (aus Stoff D) abtrennen und an den Anfang der anderen beiden Streifen nähen, an Stoff A anschließend. So haben 2 Streifen 17 Quadrate und zwei 19 Quadrate.

6 Je einen der kürzeren Streifen mit 5 mm Nahtzugabe an Ober- und Unterkante der Patchworkoberseite anfügen. Farbreihenfolge beachten.

7 Die beiden langen Streifen rechts und links an die Patchworkoberseite nähen. Alle Farben sollten in der gleichen Reihenfolge um den Quilt laufen. Nun sind Sie bereit zum Quilten.

Die Patchworkoberseite ist nun vollständig zusammengesetzt, und jetzt ist der Moment gekommen, die Quiltmuster vorzuzeichnen. Dies geschieht am besten noch vor dem Zusammenheften der Lagen, denn so kann der Stoff auf eine feste Unterlage gelegt werden. Wir haben zwei traditionelle Quiltmuster ausgesucht, einen fortlaufenden, gedrehten Zopf für die Zwischenstreifen und ein Blütenmotiv für die Ecken.

SAMPLERQUILT

12 Quiltmuster vorzeichnen

Das Zopfmuster wiederholt sich alle 10 cm und paßt dreimal entlang jeder Blockseite bzw. zweimal in die Breite des Zwischenstreifens. Jeder Zopf endet sauber durch die Verwendung der Musterschablone.

Der Block mit Reversapplikation ist mit Schachbrettmuster gequiltet. Diese Linien müssen ebenfalls vorgezeichnet werden. Alle andern Blöcke brauchen Sie nicht zu markieren, da die Nahtlinien als Orientierung dienen.

Es gibt viele Methoden des Vorzeichnens (siehe Seite 48). Wir verwenden hier die einfachste: den Umriß einer Schablone mit wasserlöslichem Stift nachzeichnen. Die Linie ist deutlich zu sehen und kann am Ende mit kaltem Wasser weggetupft werden.

Natürlich gibt es noch viele andere Quiltmuster. In der Musterbibliothek finden Sie noch mehr Vorschläge für gequiltete Bordüren (Seite 152), Einzelmotive (Seite 158) und Flächenfüllmuster (Seite 154). Wählen Sie aus und vergrößern bzw. verkleinern Sie Ihr Muster auf die passende Größe.

▲ *Die markierte Patchworkoberfläche. Die mit wasserlöslichem Stift vorgezeichneten Linien sind auf dem Stoff deutlich zu sehen.*

QUILTMUSTER VORZEICHNEN

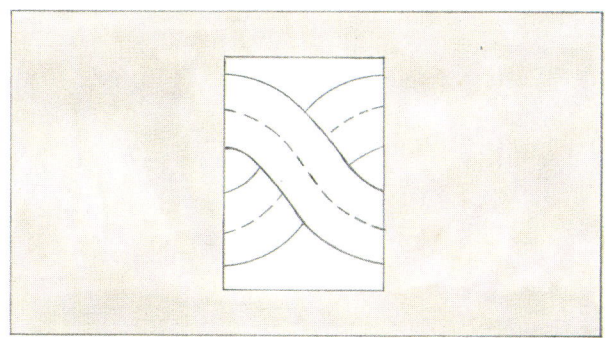

1 Schablonen 12/1, 12/2 und 12/3 von Seite 71 anfertigen; entweder aus Schablonen-Plastikmaterial oder aus Papier, das Sie auf Karton kleben.

2 In der Mitte jeder Seite beginnen und nach außen hin arbeiten. Schablone 12/1 auf den vier äußeren Zwischenstreifen 11 × auflegen und mit Musterendschablone 12/2 beenden.

3 Für die Mini-Zöpfe auf den kurzen Zwischenstreifen Schablone 12/1 einmal und Schablone 12/2 zweimal auflegen

4 An jeder Ecke der Zwischenstreifen das Blütenmotiv von Schablone 12/3 vorzeichnen.

5 Über den Block mit Reversapplikation die Diagonalen zeichnen

6 Von den Diagonalen ausgehend, Parallellinien von 2,5 cm Abstand ziehen. Dabei hilft ein Quiltlineal (siehe Seite 86). Zeichnen Sie die Linien nicht auf die Applikationsmotive.

Nun sind Sie zum letzten Arbeitsschritt bereit, der die Patchworkoberseite zu einem Quilt macht: zum Montieren des »Sandwichs«. Der Oberseitenstoff ist markiert und muß, zusammen mit der Wattierung und der Rückseite, aufeinandermontiert werden.

Gequiltet wird von Hand oder mit der Maschine (siehe Seite 56, Das Quilten). Beim Maschinenquilten versäubern Sie die Fadenenden, indem

13

13 Den Samplerquilt quilten

SAMPLERQUILT

Sie den Oberfaden zur Rückseite ziehen und dort mit dem Unterfaden verknoten; oder Sie nähen einige Rückstiche am Ende jeder Quiltlinie, was jedoch auf der Oberseite sichtbar ist, wenn die Fadenfarbe nicht mit der Stoffarbe identisch ist. Ob Hand- oder Maschinenquilten: Wählen Sie die Fadenfarbe so, daß sie sich entweder in den Stoff einfügt oder hervorsticht. Wir haben mit Grün auf Nessel und Rosa auf den grünen Stoffen gequiltet.

▶ Fertig gequiltete Arbeit

1 Ist die Wattierung noch zu groß, so schneiden Sie sie auf 200 cm im Quadrat zu. Ein ebenso großes Nesselstück als Rückseite zuschneiden.

2 Nach den Anweisungen von Seite 52. aus der Nesselrückseite, der Wattierung und der Oberseite das Sandwich montieren. Ein dichtes Gitter heften. Rückseite und Wattierung sollen rundum 2 cm größer sein als die Oberseite.

DEN SAMPLERQUILT QUILTEN

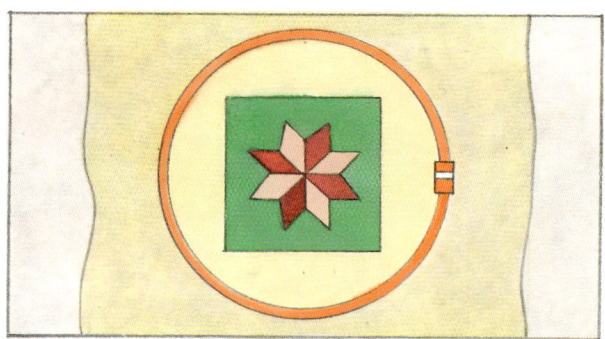

3 Quilt in Quiltrahmen spannen wie auf Seite 54 gezeigt. Außer im großen Rahmen im Zentrum beginnen und immer einen Bereich fertig quilten. So bleibt der Quilt glatt. Dies gilt für Hand- und Maschinenquilten gleichermaßen.

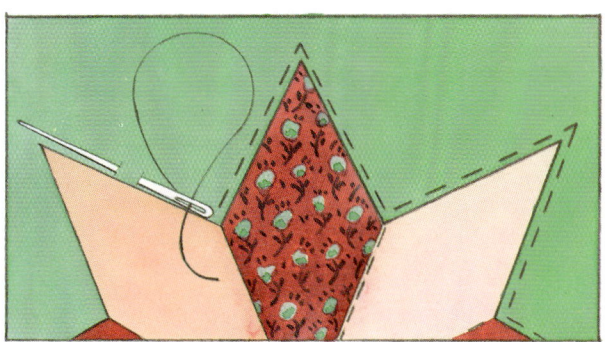

4 Nach Anleitung von Seite 58 (Quilten in der Naht), die Flying Geese, das Log Cabin, den Stern, den Streifenblock und den Churn-Dash-Block quilten. Knapp um die Kanten des applizierten Sternes quilten.

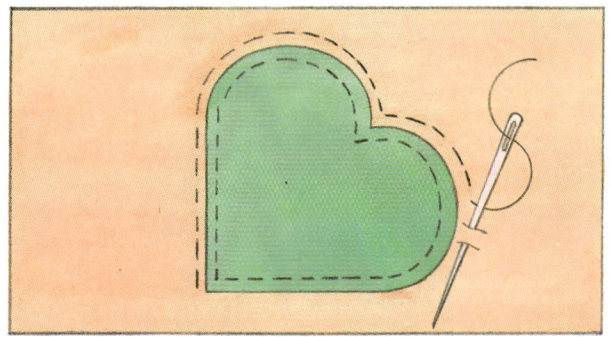

5 Wie auf Seite 58 (Umrißquilten) beschrieben, die Zuckerdose und die applizierten Herzen quilten. Auch innerhalb der Herzen im Abstand von 5 mm zur Kante entlangquilten.

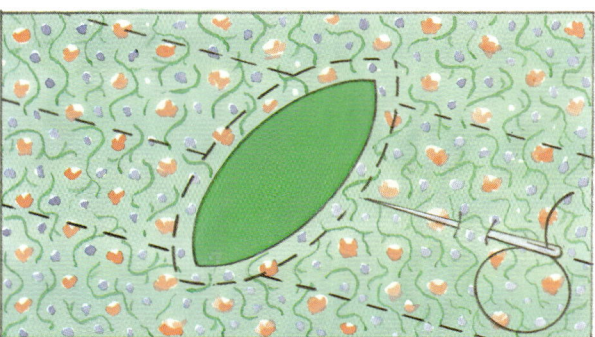

6 Schachbrettmuster über den Block mit Reversapplikation quilten. Mit 5 mm Abstand um die Blätter und Tulpen quilten und die diagonalen Linien hier unterbrechen.

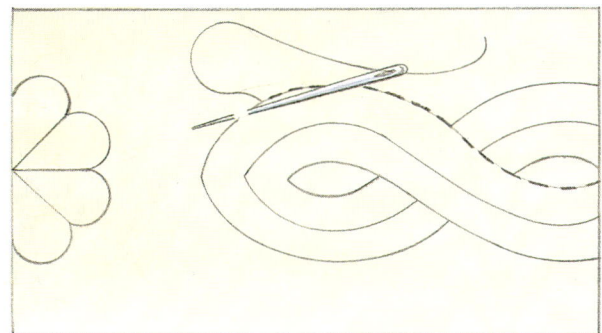

7 Quilten Sie auf den Zwischenstreifen zuerst die gedrehten Zöpfe und dann erst die Eckmotive.

8 Die Quadrate des Randes entweder „in der Naht" (siehe Seite 58), oder 5 mm innerhalb jedes Teils quilten. Markierungslinien mit feuchtem Tuch entfernen. Nun ist Ihr Quilt fast fertig.

Endlich haben Sie das letzte Stadium Ihres Samplerquilts erreicht: Sie dürfen die Kanten versäubern. Es gibt viele verschiedene Möglichkeiten, einen Quilt einzufassen (siehe Seite 60), und die Einfassung kann nach Belieben unifarben, gemustert oder zusammengesetzt sein. Manche Quilts haben geformte Kanten wie Bogen oder Zacken, manche einen gefüllten Kantenwulst, doppelt oder einfach gelegte Rüschen können an

SAMPLERQUILT

14 Den Samplerquilt einfassen

schlichten Quilts gut aussehen. Das Muster unseres Samplerquilts ist sehr dominierend, und solche Einfassungen ziehen die Aufmerksamkeit stark auf sich. Wir haben deshalb eine einfache Einfassung aus demselben Stoff wie die Zwischenstreifen und die Rückseite gearbeitet. Gerade Ecken sind einfacher zu formen als diagonale, doch wenn Sie diese bevorzugen, folgen Sie der Anleitung unten.

Vergessen Sie nicht, Ihren Namen und das Datum einzusticken, vielleicht sogar den Anlaß der Herstellung des Quilts (zum Beispiel Hochzeit oder als Erinnerung an Freund oder Freundin). Sticken Sie in die Zwischenstreifen oder in einen der Blöcke, oder, wenn Ihre Nähmaschine ein Buchstabenprogramm hat, den ganzen Text auf den Rückseitenstoff, noch bevor er in den Quilt integriert wird.

▲ *Der fertige Quilt. Alle offenen Kanten sind mit Nesselstoff sauber eingefaßt.*

BRIEFECKEN

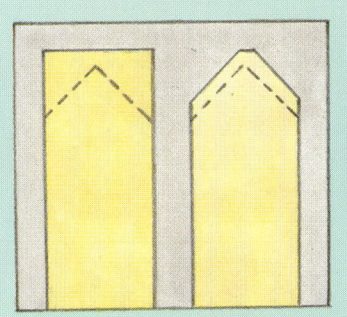

Für Briefecken an der Einfassung vier Streifen von 200 cm Länge schneiden und zu einem Kreis schließen, wobei die Nähte wie abgebildet verlaufen müssen. Die Spitze muß 5 mm vor den Ecken liegen, der Winkel exakt 45° betragen. Stoff zurück- und Spitzen abschneiden.

Der Länge nach falten und bügeln. Einfassung annähen, wie für die gerade Einfassung beschrieben (siehe Seite 60), aber nähen Sie sie ganz um Ihren Quilt fest, bevor Sie sie zur Rückseite umschlagen.

DEN SAMPLERQUILT EINFASSEN

1 Vier Streifen 201 × 6,53 cm aus Stoff G, Nesselstoff, zuschneiden. Am genauesten wird dies mit Rollschneider und Schneidematte. Zuerst ein Stück 201 × 25,4 cm schneiden und dann in vier Streifen teilen.

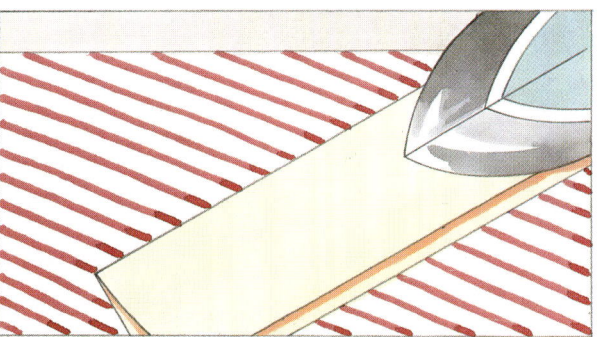

2 Jeden Streifen der Länge nach falten und bügeln. Der Falz erleichtert das Umschlagen um die Quiltkanten.

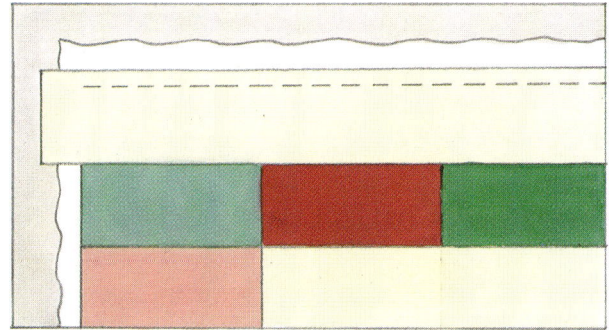

3 Einen Streifen aufklappen. Mit der rechten Seite nach unten auf den Quiltrand legen und genau mit der Kante (der Oberseite) abschließen. Mit 5 mm breiter Naht annähen, ebenso die gegenüberliegende Quiltkante arbeiten.

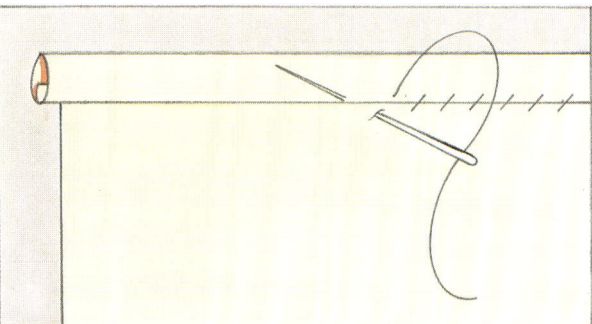

4 Streifen um die Quiltkante zur Rückseite klappen, 5 mm einschlagen und von Hand mit Saumstichen an die Nesselrückseite annähen.

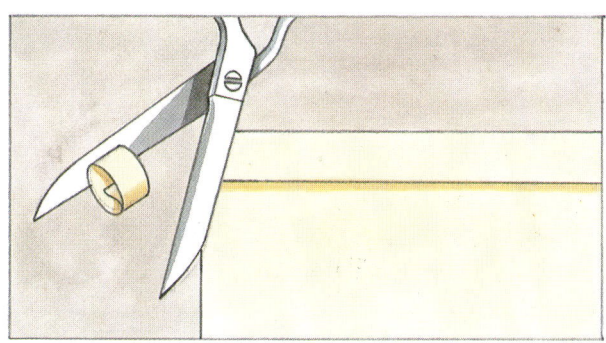

5 Streifenenden bis an den Quiltrand abschneiden.

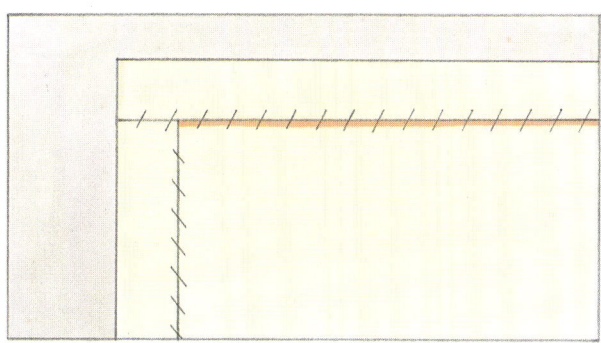

6 Die beiden restlichen Streifen genau so an Ober- und Unterkante des Quilts nähen und die Streifenenden sorgfältig einschlagen und festnähen.

4

Erweitern Sie Ihre Fähigkeiten

Wholecloth-Quilten geschieht auf einem ganzen Stück Stoff (*whole cloth*), nicht auf zusammengesetztem Patchwork. Das Muster ist allein das Quiltmotiv. Medaillonmotive sind auf Wholecloth-Quilts ein schöner Blickfang. Manche Medaillonmotive haben historischen Hintergrund und eine lange Tradition; zu ihnen gehören zum Beispiel Herzmotive und Liebesknoten für Hochzeitsquilts.

Wholecloth-Kissen

ERWEITERN SIE IHRE FÄHIGKEITEN

Viele Medaillons sind von Alltagsmotiven abgeleitet – Blätter, Blumen, Kordeln, Fächer, Muscheln. Federmuster in unterschiedlichen Variationen waren besonders beliebt. Für das Kissen haben wir eine moderne, stilisierte Blüte entworfen, die auf gechintzter Baumwolle ein schönes Relief formt.

MATERIAL

- mittelblauer Baumwollstoff: Kreis von 50 cm Durchmesser und zwei Rechtecke von je 50 × 35,5 cm
- Nessel oder anderer Rückseitenstoff: Kreis von 50 cm Durchmesser
- dünnes Vlies als Wattierung: Kreis von 50 cm Durchmesser
- blaues Nähgarn, passend zum blauen Stoff
- blaues Quiltgarn, dunkler als der blaue Stoff

▲ *Vorlage für das Blütenmotiv*

WHOLECLOTH-KISSEN

1 Vorlage vergrößern (siehe Seite 40). Ein Markierungspunkt im Zentrum hilft beim Ausrichten des Motivs.

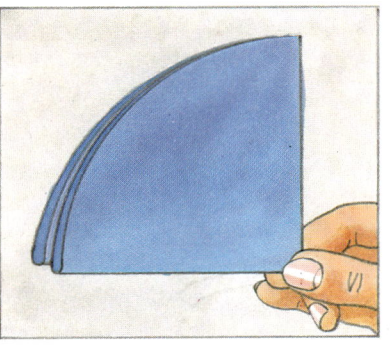

2 Blauen Stoffkreis zweimal falten und auf der rechten Stoffseite mit Zauberstift den Mittelpunkt einzeichnen (siehe Seite 29).

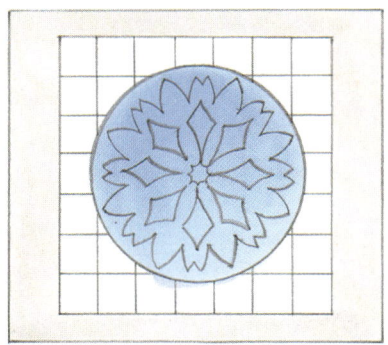

3 Blütenmotiv auf die rechte Stoffseite übertragen (siehe Seite 48), dabei am Mittelpunkt ausrichten.

4 Nessel auf dem Tisch ausbreiten, Wattierung und blauen, vorgezeichneten Stoff darüberlegen. Ein Gitter von horizontalen und vertikalen Linien heften (siehe Seite 52).

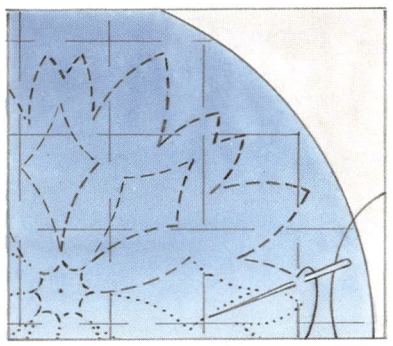

5 Motiv mit blauem Quiltgarn quilten (siehe Seite 56). Von der Mitte nach außen arbeiten. Am Schluß die Heftfäden entfernen.

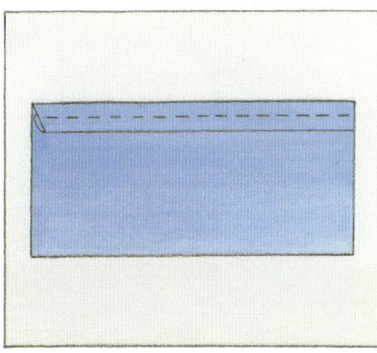

6 An einer der langen Kanten jedes Rechtecks einen doppelten Saum einschlagen, bügeln und festnähen.

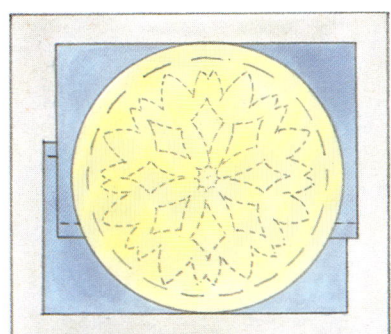

7 Rechtecke mit der rechten Seite nach oben legen und das gequiltete Medaillon mit der rechten Seite nach unten darüber. Die Nähte überlappen sich, und die Seiten stimmen mit dem Kreis überein. 2,5 cm vom Rand entfernt aufeinanderheften.

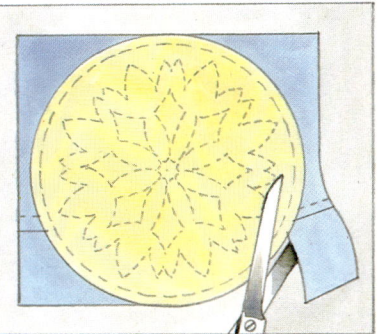

8 Wegen der Festigkeit mit der Nähmaschine zweimal um die Kante nähen. Heftfäden entfernen. Kante bis auf 5 mm zurückschneiden. Nahtzugaben einschneiden.

9 Kissenhülle wenden und Rückseite vorsichtig bügeln. Nicht die gequilteten Flächen bügeln. Ist die Vorderseite zerknittert, einige Sekunden mit Dampf darüberstreichen, ohne den Stoff zu berühren.

Die Amischen führen ein schlichtes und arbeitsames Leben. Ihr Bemühen um Einfachheit spiegelt sich in den kargen, doch eindrucksvollen Quilts. Viele Amisch-Quilts sind aus handgefärbten Baumwollstoffen in leuchtenden Farben genäht. Auch schwarzer Stoff wird verarbeitet und bewirkt einen starken Kontrast zu den umliegenden Stroffteilen. Die Amischfrauen arbeiten zwar auch Blockquilts, doch noch öfter findet

ERWEITERN SIE IHRE FÄHIGKEITEN

Amisch-Kniedecke

man Medaillonmotive, die von einer oder mehreren Randbordüren umgeben sind. Farblich kontrastierendes Quiltgarn zeigt die exquisit gearbeiteten Muster. Die Farben der ältesten Amischquilts aus Pennsylvania bewegen sich hauptsächlich im kühlen Farbspektrum. Auch wir haben diese Farben hier verwendet, in einem einfachen Patchwork, das man Roman Stripes (römische Streifen) nennt.

MATERIAL

- Baumwollstoff: 25 × 155 cm von jeder der sechs Farben: Blaßrosa, Dunkelrosa, Malve, Lila, Hellblau, Dunkelblau.
- schwarzer Baumwollstoff: 140 × 155 cm; 2 × 3 m.
- dünnes Vlies: 180 × 120 cm
- Flanell: 180 × 120 cm
- passendes Nähgarn
- Schablone für rechtwinklige Dreiecke (kurze Seiten 30 cm lang)

1 Die farbigen Baumwollstoffe mit dem Rollschneider in 5 cm breite Längsstreifen schneiden (siehe Seite 44).

104

AMISCH-KNIEDECKE

2 Streifen entlang der Längskanten mit 5 mm Nahtzugabe zu vier Streifenstoffen zusammensetzen. Reihenfolge: Lila, Hellrosa, Dunkelblau, Malve, Dunkelrosa, Hellblau.

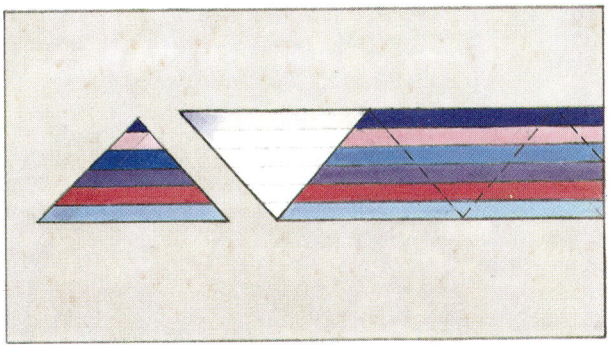

3 Dreiecksschablone so auflegen: 90°-Spitze an der einen Kante, lange Seite an der gegenüberliegenden. Mit Rollschneider das Dreieck schneiden. Schablone umdrehen und nächstes Dreieck schneiden usw., ergibt 24 gestreifte Dreiecke, immer 12 pro Richtung.

4 Mit der gleichen Schablone 24 Dreiecke aus dem schwarzen Stoff schneiden. Kurze Dreiecksseite in den Fadenlauf legen. Immer ein schwarzes und gestreiftes Dreieck an den langen Seiten rechts auf rechts zusammennähen. Alle 24 Blöcke zusammensetzen.

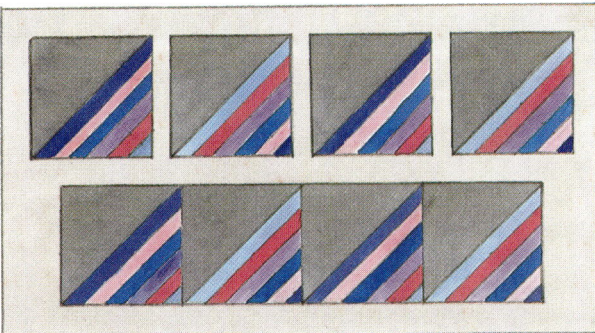

5 Wenn nötig, die Blöcke zum exakten Quadrat zurechtschneiden. Nach der gezeigten Anordnung arrangieren und in vier Reihen zu 6 Blöcken nähen, dann die Reihen aneinandersetzen.

6 Flanellstoff, Wattierung und Oberseite übereinanderlegen (siehe Seite 52) und gitterförmig heften. Von Hand oder mit Maschine in den Nähten zwischen den Blöcken und zwischen den Dreiecken quilten. Heftfäden entfernen.

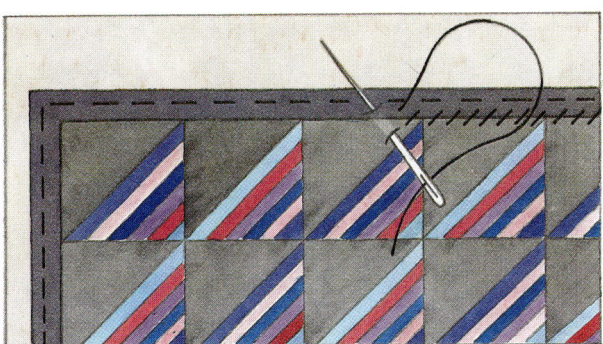

7 Gequiltetes Patchwork links auf links auf den Rückseitenstoff legen. Kante des Rückseitenstoffs als Einfassung zur Vorderseite klappen und 5 mm unterschlagen. Festheften und mit Blindstich annähen. Heftfäden entfernen.

Die englische Papiermethode ist eine Technik, bei welcher der Stoff um Papierschablonen geheftet und dann an den Kanten aneinandergenäht wird. Dies ist natürlich zeitraubend und für die meisten traditionellen Blöcke, die man konventionell nähen kann, nicht empfehlenswert. Anders bei Mustern, die man nicht mit geraden Nähten zusammensetzen kann, wie zum Beispiel Sechseck (Hexagon), Raute, Achteck (Oktagon)

ERWEITERN SIE IHRE FÄHIGKEITEN

Englische Papiermethode

und für Muster wie »Babyblocks« (siehe Seite 125). Für englisches Patchwork werden die Formen sehr exakt aus Papier (Schreibmaschinenpapier oder fester) geschnitten. Die Stoffteile werden mit rundum 5 mm Nahtzugabe ausgeschnitten. Danach heftet man diese Stoffteile um das Papier. Diese stoffbezogenen Teile werden mit überwendlichen Stichen an den Kanten zusammengefügt und bilden das Muster. In unserem Beispiel bleibt das Papier der Haltbarkeit wegen in der Arbeit. Normalerweise wird es aber entfernt, nachdem die Heftfäden gezogen wurden.

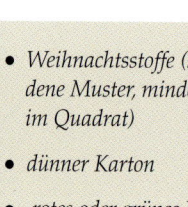

MATERIAL

- Weihnachtsstoffe (sieben verschiedene Muster, mindestens 15 cm im Quadrat)
- dünner Karton
- rotes oder grünes Nähgarn
- Band oder Litze, 15 cm lang
- etwas Füllwatte

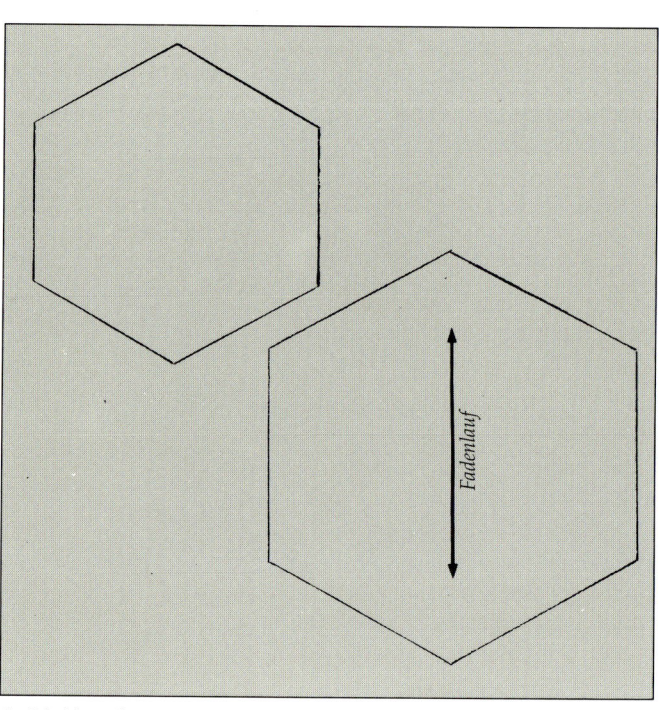

▲ Schablone A für die Papierform

▲ Schablone B für die Stoffe

1 Schablonen auf dünnen Karton übertragen und sehr genau ausschneiden. Fadenlauf auf Schablone B zeichnen. Mit Schablone B zwei Teile aus jedem Stoff schneiden. Mit Schablone A 14 Papierteile schneiden.

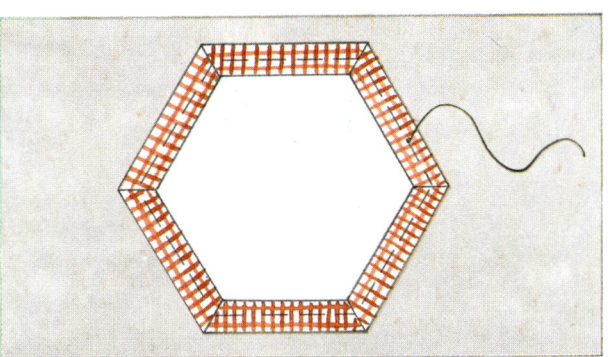

2 Jedes Stoffteil um eine Form legen und die umgeschlagenen Kanten festheften. Knoten des Heftfadens auf der rechten Seite lassen, dies erleichtert das spätere Entfernen.

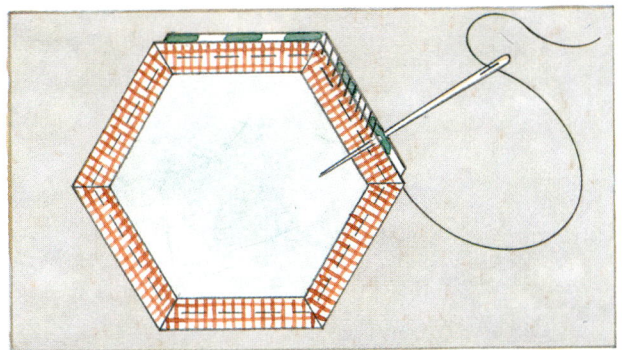

3 Sind alle Teile geheftet, immer zwei unterschiedliche Sechsecke rechts auf rechts legen und mit engen, gleichmäßigen überwendlichen Stichen an einer Kante zusammennähen. Fadenenden gut vernähen.

4 Immer 6 Hexagone als spiegelgleiche Rosette um ein mittleres Hexagon nähen. Keine Naht vergessen!

5 Rosetten rechts auf rechts legen, gleichen Stoff auf gleichen Stoff und zusammennähen. Am obersten Hexagon die Aufhängeschlaufe einarbeiten und 2 oder 3 Kanten zum Ausstopfen offen lassen.

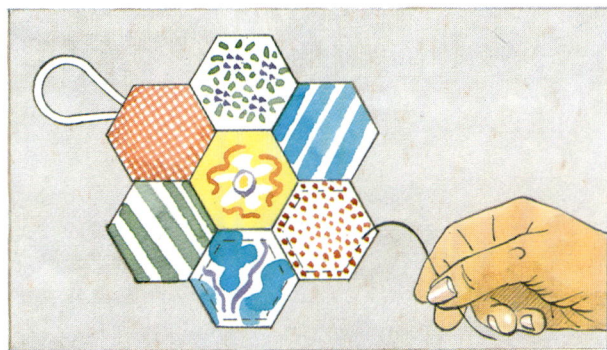

6 Rosette mit etwas Polyesterwatte ausstopfen und die letzte Öffnung schließen. Nicht zu fest stopfen, damit sich die Dekoration nicht verzieht. Heftfäden entfernen.

Dieses verblüffende Patchwork ist eine Applikation. Die Stoffteile sind auf einem Hintergrundstoff arrangiert und die offenen Stoffkanten mit Schrägstreifen bedeckt. Das Ergebnis ähnelt einem Bleiglasfenster, der Schrägstreifen umreißt die Formen wie das Bleiband die farbigen Scheiben.

Wenn alle Linien des Motivs gerade verlaufen, kann man für das »Blei« auch gerade geschnitte-

ERWEITERN SIE IHRE FÄHIGKEITEN

Wandbehang »Bleiglasfenster«

ne Stoffstreifen benutzen. Doch für geschwungene Linien benötigen Sie auf jeden Fall Schrägstreifen. Verwenden Sie vorgefertigten Schrägstreifen oder selbst hergestellten, der bei besonderen Farbwünschen oder bei Spezialbreiten nützlich ist.

Hier wird der traditionelle schwarze Einfaßstreifen über leuchtende Edelsteinfarben gelegt.

MATERIAL

- blaßgrüner Baumwollstoff: 75 cm im Quadrat
- Nessel oder ähnlicher Rückseitenstoff: 75 cm im Quadrat
- dünne Wattierung: 75 cm im Quadrat
- leuchtend rosa Baumwollstoff: 45 cm im Quadrat
- leuchtend purpurfarbener Baumwollstoff: 45 cm im Quadrat
- leuchtend jadegrüner Baumwollstoff: 35 cm im Quadrat
- mittlerer jadegrüner Baumwollstoff: 35 cm im Quadrat
- 2,5 cm breiter, schwarzer Schrägstreifen: 15 m
- schwarzes Nähgarn

▲ Vorlage für Blumen und Blätter

WANDBEHANG »BLEIGLASFENSTER«

1 Vorlage vergrößern (siehe Seite 40), mit schwarzem Filzstift nachzeichnen und auf die rechte Stoffseite des blaßgrünen Stoffes übertragen. Diese Linien werden vom Schrägstreifen verdeckt.

2 Mittels der vergrößerten Zeichnung die Schablonen herstellen. Je eine hellrosa und purpurfarbene Blüte und zwei halbe Blätter aus den beiden grünen Stoffen schneiden.

3 Stoffteile auf dem blaßgrünen Stoff ausrichten und festheften.

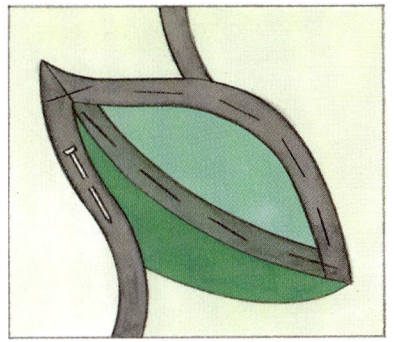

4 Schrägstreifen mit untergeschlagenen Kanten stückweise auf alle offenen Motivkanten stecken und heften. Offene Enden der Schrägstreifen mit dem nächsten bedecken.

5 Wattierung auf den Rückseitenstoff legen und die Patchworkoberseite mit dem Motiv nach oben darüber. Lagen mit einem Gitter von horizontalen und vertikalen Heftstichen zusammenhalten (siehe Seite 52).

6 Mit der Nähmaschine auf beiden Seiten der Schrägstreifen schmalkantig entlangsteppen. Zuerst die Innenseiten der Kurven nähen, so läßt sich der Schrägstreifen gut formen.

7 Heftfäden entfernen. Einen kleinen schwarzen Stoffkreis auf die offenen Kanten in der Blütenmitte applizieren. Rand unterschlagen und von Hand aufnähen.

8 Quilt mit dem schwarzen Schrägstreifen einfassen.

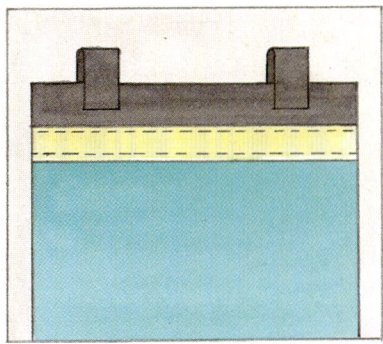

9 Stoffschlaufen oder Tunnel an die Oberkante der Rückseite nähen, um den Wandbehang aufhängen zu können.

Das Kirchenfenster oder Domfenster (*cathedral window*) entsteht in ungewöhnlicher Technik. Es ist weder zusammengesetzt noch appliziert oder gequiltet. Es wird nicht wattiert, da seine Dicke aus dem Übereinanderlegen von Stoffschichten resultiert. Das Endprodukt wirkt dreidimensional und hat eine hochinteressante, plastische Linienführung. Durch den Fensterrahmen erblickt man kontrastierenden Stoff.

ERWEITERN SIE IHRE FÄHIGKEITEN

Kirchenfenster

Das Basisquadrat wird meist in Unistoff angelegt, das »Fenster« aus gemustertem. Interessant ist auch der umgekehrte Fall, wenn ein einfarbiges Fenster oder ein Einzelmotiv von einem kleinbedruckten Rahmen umschlossen wird. Größe und Form des Kirchenfensters bieten sich an, dieses kleine Duftkissen zu nähen. Das ist außerdem eine nette Übung für diese Technik. Duftende Blüten und Kräuter verbreiten zarten Duft im Zimmer oder im Wäscheschrank.

MATERIAL
- rosafarbener Baumwollstoff: vier Quadrate zu 26,5 cm
- rosa bedruckter Baumwollstoff: 50 cm
- rosafarbenes Nähgarn, farblich passend
- Duftpotpourri aus Blüten oder Kräutern

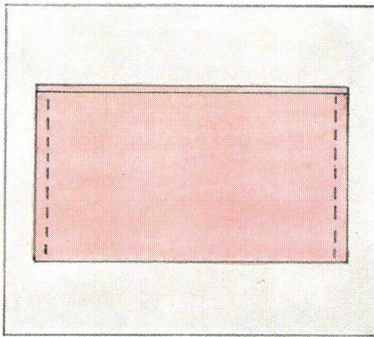

1 Quadrat links auf links zur Hälfte falten und an beiden kurzen Seiten mit 5 mm Naht schließen. Ebenso die anderen Quadrate vorbereiten.

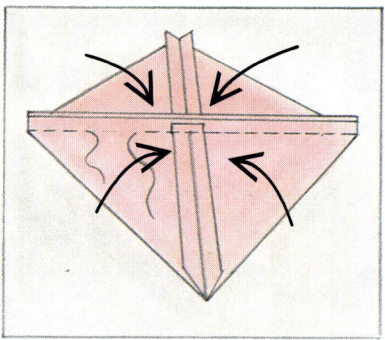

2 Bei allen Quadraten die beiden Nähte über der offenen Kante zusammenstecken. Die sich bildende Tasche flachdrücken und den offenen Rand mit 5 mm Naht schließen. Wendeöffnung lassen.

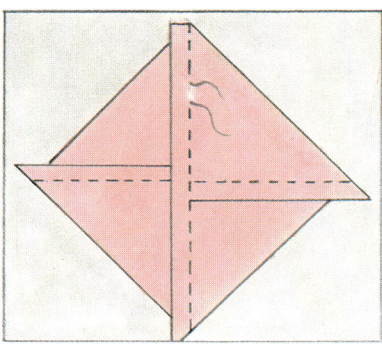

3 Überstehende Nahtzugaben an den Ecken zurückschneiden, dann liegt die Form nach dem Wenden schön glatt.

KIRCHENFENSTER

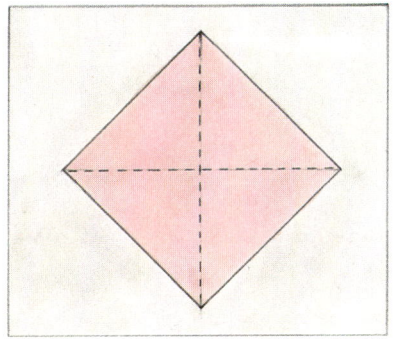

4 Genähte Quadrate auf rechts wenden und mit einer stumpfen Nadel oder Ahle die Spitzen formen. Bügeln. Die Wendeöffnung ist am fertigen Kirchenfenster nicht zu sehen.

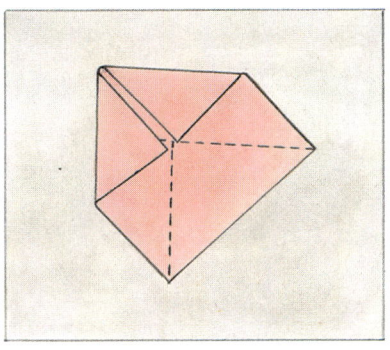

5 Quadrate mit den Nähten nach oben legen und alle vier Ecken in die Mitte falten.

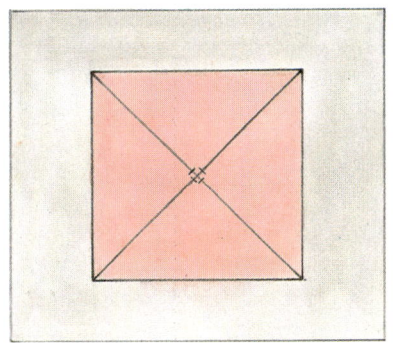

6 Ecken mit kleinen Stichen durch alle Stofflagen im Zentrum festnähen. Alle Quadrate vorbereiten.

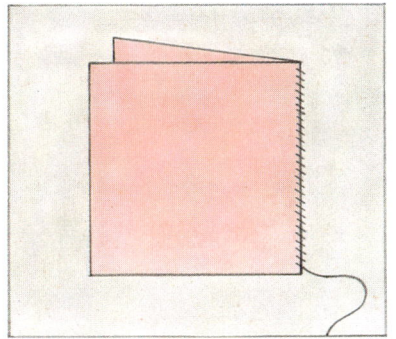

7 Zwei Quadrate an einer Seite aneinandernähen, die gefalteten Seiten liegen aufeinander. Ein zweites Paar Quadrate zusammennähen und dann alle vier zum Block.

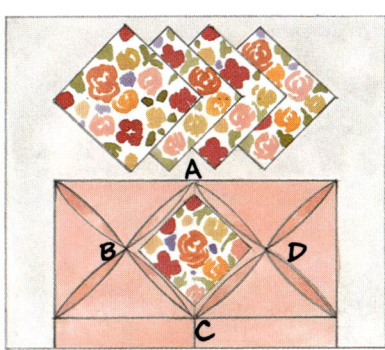

8 Vier Quadrate aus Stoff A schneiden, etwas kleiner als das Maß zwischen den Punkten A, B, C und D. Innerhalb der durch die Faltkanten vorgegebenen Bereiche aufstecken.

9 Faltkanten des „Fensters" über die Schnittkante des bedruckten Stoffs rollen und festnähen. Die Ecken mit zwei kleinen Stichen verbinden. Ebenso die Faltkanten außerhalb des Fensters festnähen.

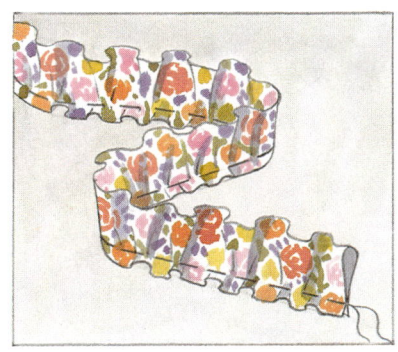

10 Vom bedruckten Stoff aus der Breite einen 8,25 cm breiten Streifen schneiden. Längs falten und bügeln und an den offenen Kanten einen Reihfaden, 5 mm vom Rand, einnähen. Zur Rüsche ziehen.

11 Quadrat aus dem bedruckten Stoff schneiden, so groß wie das Patchworkquadrat plus
5 mm Nahtzugabe. Rüsche auf der rechten Stoffseite des Quadrats festnähen, bügeln.

12 Patchworkquadrat links auf links auf die Rückseite legen. Drei Seiten nähen und wenden. Duftblüten einfüllen. Letzte Seite mit überwendlichen Stichen schließen.

F altpatchwork kennt man in verschiedene Variationen. Die hier gezeigte ist auch als »Somerset Patchwork« bekannt und kann für Kissen, Grußkarten und Wandbehänge angewandt werden. Diese Art gefalteter Motive ist nicht für Quilts geeignet, denn die gefalteten Stoffkanten sind nicht stabil genug und würden beim Waschen ausfransen. Bei einer anderen Variation, den »Prärie Points«, werden die Stoffkanten fest

ERWEITERN SIE IHRE FÄHIGKEITEN

Der Faltstern

MATERIAL

- Nessel oder Basisstoff: 13 × 13 cm
- roter, bedruckter Weihnachtsstoff aus Baumwolle: 11,5 cm
- grüner, bedruckter Weihnachtsstoff: 11,5 cm
- farblich passendes Nähgarn
- Klebstoff
- Passepartoutkarte mit ca. 9,5 cm großem, rundem Ausschnitt
- roter Bilderrahmen, ca. 11,5 cm im Quadrat

und sind daher eher für waschbare Gegenstände geeignet.

Hier benutzen wir zweierlei Weihnachtsstoffe. Die Faltdreiecke formen einen roten Stern. Wenn Sie beim Falten stets das gleiche Motiv nach oben legen, erhalten Sie ein Sekundärmuster. Benutzen Sie ungewöhnliche Drucke als Variationsmöglichkeit.

Kleine Motive von Faltpatchwork können als plastische Applikation gearbeitet werden. Gefaltete Bäume und Blätter werden am Rand eingefaßt und appliziert. Faltpatchwork wird von der Mitte aus aufgebaut, doch bei Blättern und Bäumen können Sie auch von außen beginnen.

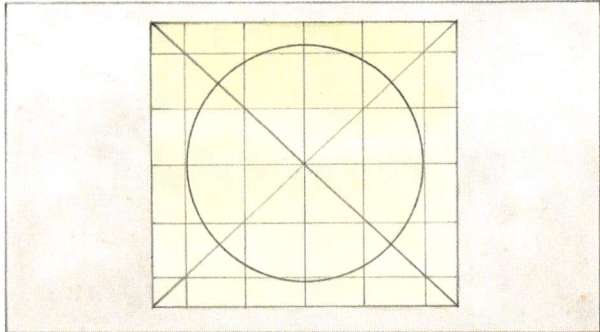

1 *Auf dem quadratischen Baumwollstoff die Diagonalen und von der Mitte nach außen ein Gitter von 2,5 cm Abstand einzeichnen. Dabei ist ein Quiltlineal (siehe Seite 84) hilfreich. In die Mitte einen Kreis schlagen, im gleichen Durchmesser wie der Ausschnitt der Karte.*

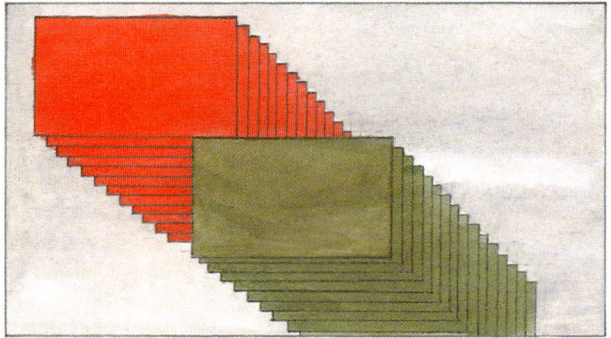

2 *Aus dem roten Stoff 12 und aus dem grünen 16 Rechtecke im Maß 3,8 × 6,4 cm schneiden. Der Rollschneider verkürzt und erleichtert die Arbeit (siehe Seite 45).*

DER FALTSTERN

3 Eine 5 mm schmale Kante an der langen Seite aller Rechtecke umschlagen und bügeln.

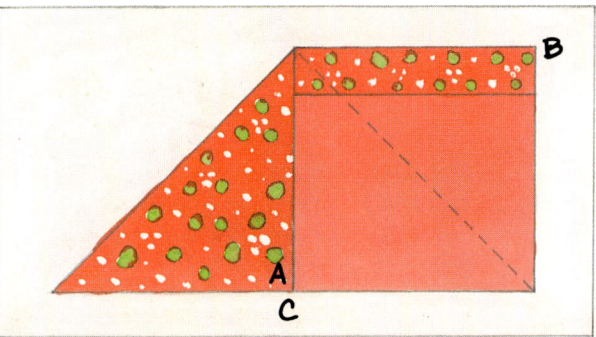

4 Bei allen Teilen Ecke A und Ecke B nach Punkt C umschlagen und bügeln, ergibt 28 gefaltete Dreiecke: 12 rote und 16 grüne. Auf beiden Seiten liegt die rechte Stoffseite außen.

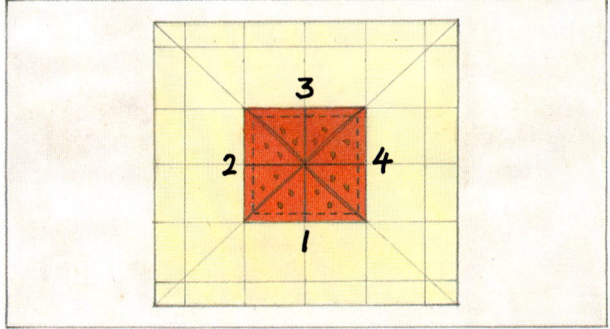

5 Vier rote Dreiecke wie abgebildet ins Zentrum des gezeichneten Kreises legen und an den Hilfslinien ausrichten. Jede Spitze mit einem kleinen Stich unsichtbar fixieren. Entlang der unteren Dreieckskante mit Vorstichen auf dem Basisstoff festnähen.

6 Vier grüne Dreiecke über die vier roten legen, Spitze zur Mitte und gleichmäßig überlappend, doch die grünen liegen weiter außen als die roten. Wieder rundum festnähen und noch weitere vier grüne Dreiecke genauso aufnähen.

7 Nun einen Kreis von acht roten Dreiecken auflegen, abwechselnd geschichtet. Danach noch einmal acht grüne Dreiecke als Abschluß arbeiten.

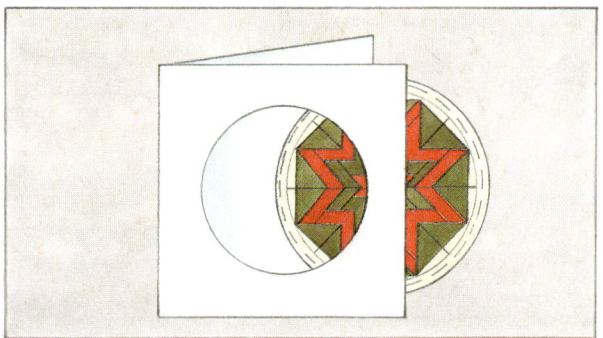

8 Knapp außerhalb des gezeichneten Kreises rundherum heften und nähen. Den Kreis mit dem Stern mit etwas Zugabe ausschneiden und die Ränder des Basisstoffes rund um den Stern festkleben. In den Fensterausschnitt der Passepartoutkarte kleben und einrahmen.

B ei Trapunto wird wie beim normalen Quilten wattiert, jedoch nur bestimmte Bereiche und nicht der ganze Quilt. Die Oberseite wird auf festen Untergrundstoff genäht, die gewünschten Bereiche werden umnäht, so daß sich Taschen bilden, die man dann plastisch ausstopft.

Für unser Projekt haben wir auf Stoff gemalte Motive verwendet, Sie können aber ohne weiteres bedruckte Stoffe verwenden. Bei großen Motiven

ERWEITERN SIE IHRE FÄHIGKEITEN

Trapunto-Tischset

geht Maschinennähen sehr schnell, nähen Sie von Hand, so sollten Sie mit festem Faden kräftige Rückstiche arbeiten, um für die Taschen eine deutliche und haltbare Umrißlinie zu erhalten.

MATERIAL

- blaßgelber Baumwollstoff: 45 cm im Quadrat
- Nessel oder anderer Baumwollstoff für die Rückseite: 2 Quadrate von 45 × 45 cm
- Stoffmalfarbe: Hell- und Dunkelgelb, Hell- und Dunkelorange, helles und dunkles Moosgrün (Sie können die Farben einzeln kaufen oder selbst mischen)
- Pinsel
- gelbes Nähgarn, passend zum gelben Stoff
- Füllwatte

▲ Originalgroße Vorlage für das Platzdeckchen

TRAPUNTO-TISCHSET

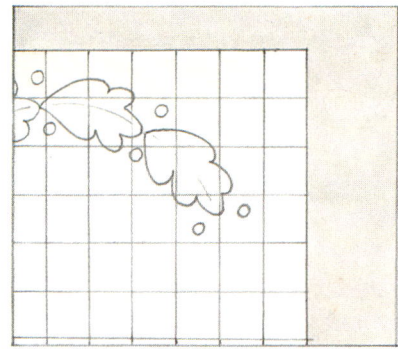

1 Einen Kreis von 14 cm Durchmesser auf Papier zeichnen und Blätter und Beeren darauf verteilen. Konturen der Motive mit schwarzem Filzstift nachzeichnen.

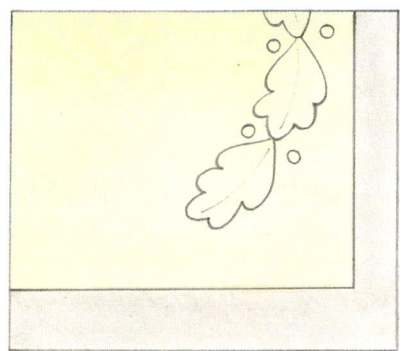

2 Gelben Stoff drauflegen, rechte Seite nach oben, und die Hauptlinien mit passendem Farbstift oder Silberstift durchpausen (siehe Seite 49).

3 Mit den Stoffarben Gelb, Grün und Orange die Beeren und Blätter ausmalen, dabei gelbe und grüne Blätter abwechseln.

4 Mit etwas dunkleren Farben die Blattadern und Beerendetails aufmalen. Nach dem Trocknen müssen die Farben nach Anweisung des Herstellers fixiert werden.

5 Das gemalte Motiv links auf links auf eines der Rückseitenquadrate legen und gitterförmig aufeinanderheften (siehe Seite 52).

6 Umrisse der Blätter und Beeren nachnähen. Zickzackstich oder Geradstich mit der Nähmaschine, bzw. Rückstiche von Hand.

7 Umrisse der Blätter und Beeren nachnähen. Zickzackstich oder Geradstich mit der Nähmaschine bzw. Rückstiche von Hand.

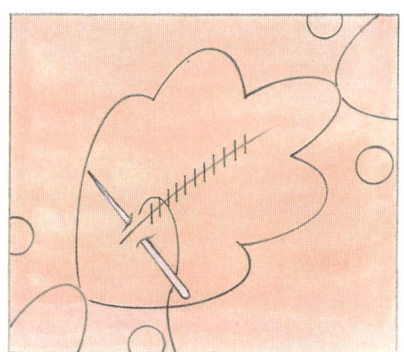

8 Kleine Menge Füllwatte in jede genähte Tasche stopfen. Auf der Vorderseite kontrollieren. Nicht zu dick stopfen, damit sich der Stoff nicht verzieht. Schlitze mit kleinen überwendlichen Stichen schließen.

9 Zweites Rückseitenquadrat links auf links unter das Deckchen legen und heften. Kanten nach innen schlagen und schmalkantig zusammennähen.

Beim italienischen Quilten oder Kordelquilten werden zwei Stofflagen mit dekorativen Doppellinienmustern aufeinandergenäht. Anschließend werden in diese Kanäle Kordeln oder dicke Wollfäden eingezogen. So entsteht ein plastisches Muster. Italienisches Quilten eignet sich besonders gut für klare, lineare Dekorationen wie diesen keltischen Knoten auf Seide für eine aufgesetzte Tasche. Die ganze Quiltarbeit wird vor dem

ERWEITERN SIE IHRE FÄHIGKEITEN

Kordel-quilting

Aufsetzen der Tasche fertiggestellt. Haben Sie ein fertiges Kleidungsstück, so müssen Sie die Tasche abtrennen, verzieren und anschließend wieder aufnähen. Dieses Muster hier wurde für einen Rock entworfen, verkleinert hat es auch auf einer Blusentasche Platz.

MATERIAL

- Seidenstoff, an allen Seiten ca. 5 cm größer als das Taschenschnittmuster.
- fester Seidenstoff als Rückseite, Größe wie oben
- feine Baumwollkordel, ca. 180 cm
- Baumwoll- oder Seidenfaden, passend zum Seidenstoff
- kräftige Polsternadel

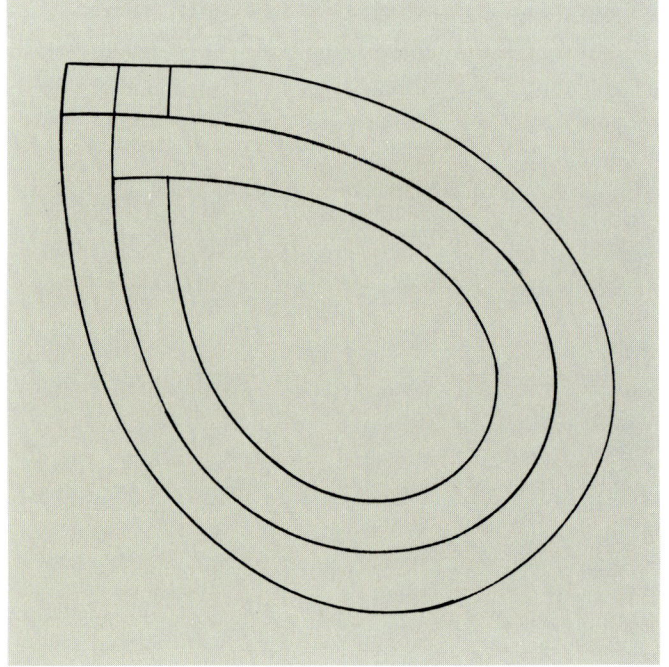

▲ Ein Viertel des keltischen Knotens in Originalgröße

AUFGESETZTE TASCHE

1 Die Vorlage von Seite 116 unten viermal auf ein großes Stück Papier übertragen. Papier jeweils drehen und jedes Viertel genau anlegen.

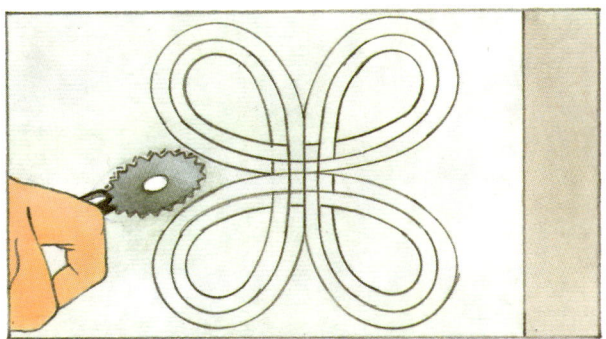

2 Zeichnung auf die rechte Stoffseite der Seide übertragen, Methode siehe Seite 49. Um das Motiv sollten mindestens 2,5 cm freie Fläche bleiben.

3 Seide links auf links auf den Rückseitenstoff legen. Gitterförmig aufeinanderheften (siehe Seite 53.)

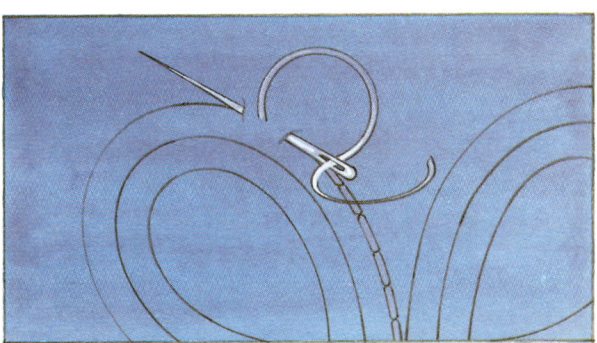

4 Mit Rückstich und dreifachem Faden (Baumwolle oder Seide) entlang der aufgezeichneten Linien nähen, so daß sich Kanäle bilden. Anschließend bügeln.

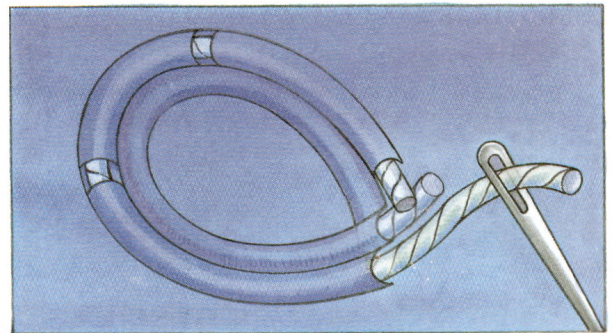

5 Kordel in die Polsternadel fädeln und von der Rückseite der Arbeit am Anfang jedes Kanals beginnen. Alle Kanäle mit Kordel füllen, an jedem Ende zur Oberfläche stechen. Bei engen Kurven mehrmals aus dem Stoff und wieder hineinstechen.

6 Das fertige Motiv auf ein weiches Tuch legen und von links dämpfen. Musterteil auf den Taschenstoff legen, ausschneiden und das Kleidungsstück fertignähen.

Sashiko-Quilten ist eine traditionelle japanische Technik. Die Linien werden mit kräftigem Faden gearbeitet, seine Dicke ist abhängig von der Stoffstärke. Sashiko-Stiche sind auf der Vorderseite etwa doppelt so lang wie auf der Rückseite, die Muster sind geometrische Flächenmuster. Diese kleine Abendtasche aus Seide zeigt viele Mustervariationen. Sashiko kann flach oder wattiert sein, hier wurde dünnes Vlies eingearbeitet.

ERWEITERN SIE IHRE FÄHIGKEITEN

Sashiko-Täschchen

Da Sashiko-Stiche deutlich sichtbar sind, müssen sie gleichmäßig und schön gearbeitet werden. Auf geraden Strecken so viele Stiche wie möglich auf die Nadel nehmen, an den Kurven müssen Sie jeden Stich einzeln machen. Nähen Sie möglichst gleich viele Stiche pro Linienabschnitt, und überkreuzen Sie die Stiche nicht.

MATERIAL

- jadegrüner Seidenstoff: 2 Teile je 54,5 × 19 cm groß; 1 Rechteck 9 × 12,5 cm und 1 Quadrat 7,5 × 7,5 cm.
- dünnes Polyester- oder Seidenvlies: 53,5 × 18 cm
- leichtes Bügelvlies (z. B. Vlieseline)
- Goldfaden
- kleine Goldperlen
- grünes Seidengarn zum Stoff
- grünes Nähgarn zum Stoff
- dünne Goldlitze
- dicke, jadegrüne Kordel für den Träger

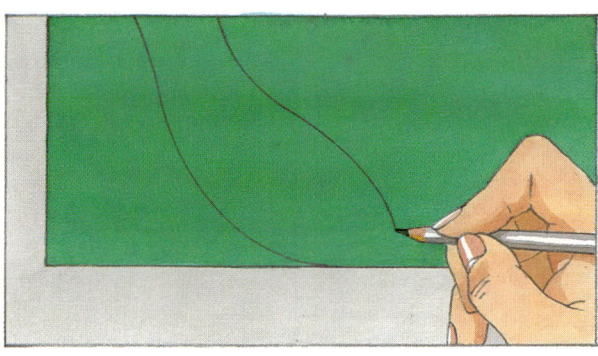

1 Vorlage vergrößern (siehe Seite 40). Das Muster mit dunkelgrünem Buntstift oder Silberstift auf die rechte Stoffseite eines der großen Seidenstücke übertragen (siehe Seite 49).

SASHIKO-TÄSCHCHEN

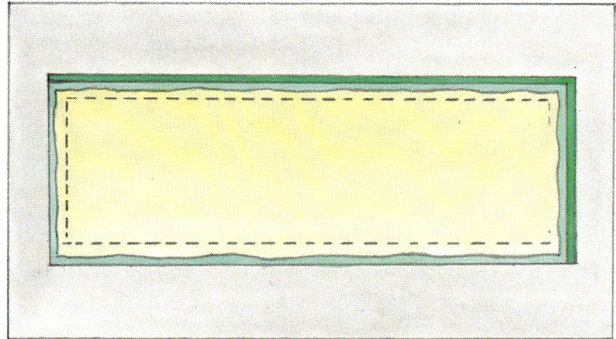

2 Seidenstoffe rechts auf rechts legen und Wattierung auf das oberste Teil stecken. Mit Maschine um das Rechteck nähen, eine kurze Seite zum Wenden offen lassen. Ecken abschneiden und Stecknadeln entfernen.

3 Wenden. Die offene Kante 5 mm einschlagen und mit feinen überwendlichen Stichen schließen. Sie haben nun ein Rechteck von 17,5 × 53,5 cm.

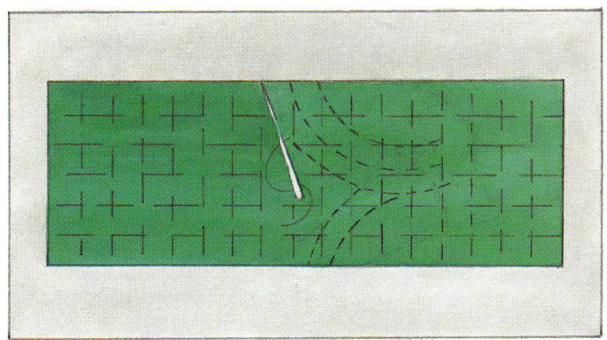

4 Lagen gitterförmig zusammenheften (siehe Seite 52). Mit dem Goldfaden das Sashikomuster mit Vorstichen entlang aller Linien arbeiten. Jeden Knoten der Fadenanfänge in die Wattierung ziehen.

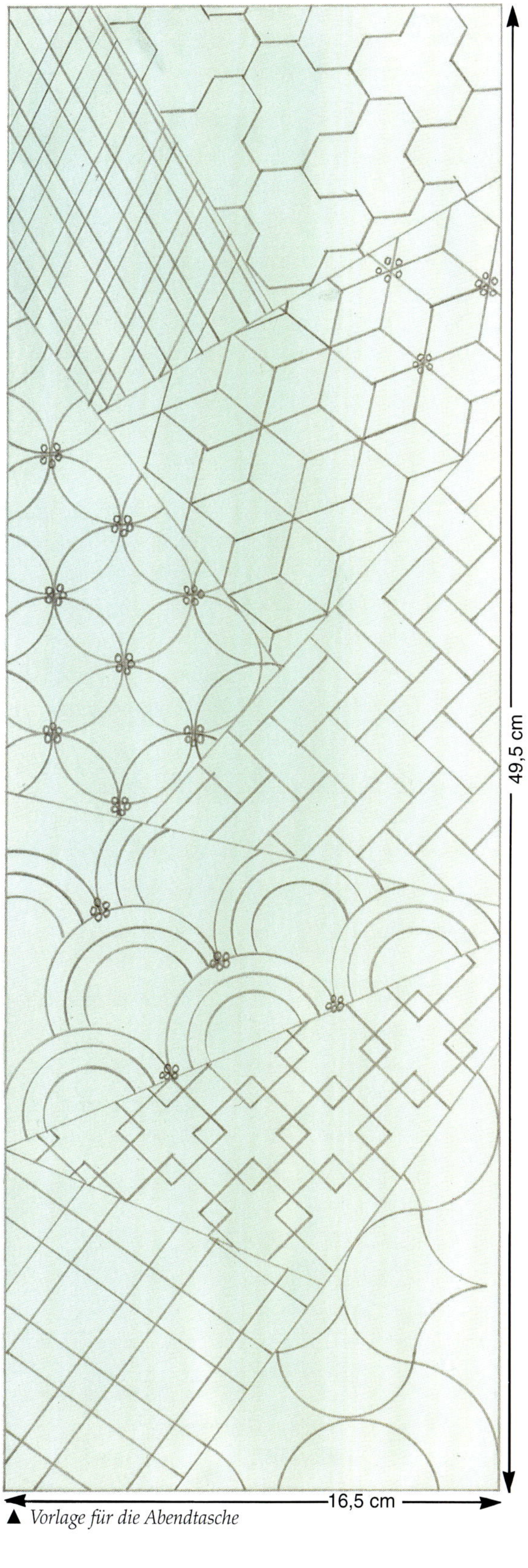

▲ *Vorlage für die Abendtasche*

49,5 cm

16,5 cm

Rückseite der Abendtasche

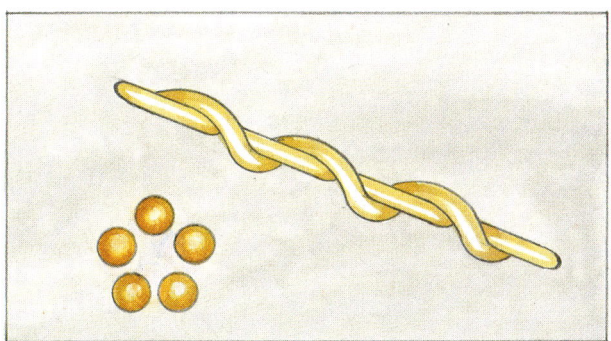

5 Die Vorstiche der langen Trennlinien mit dem Goldfaden umschlingen. So erhalten Sie eine deutliche, goldfarbene Linie. Auf die in der Vorlage bezeichneten Stellen Goldperlen aufnähen.

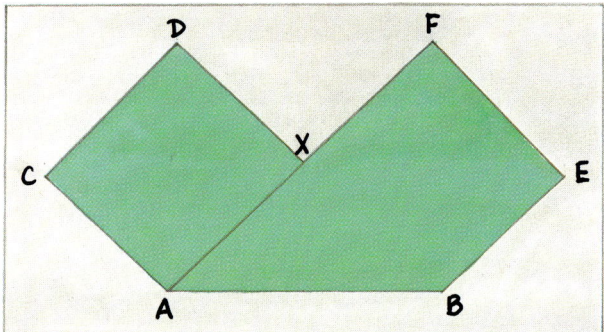

6 Rechteck mit der rechten Seite nach unten legen und entlang A/B falten, wie abgebildet.

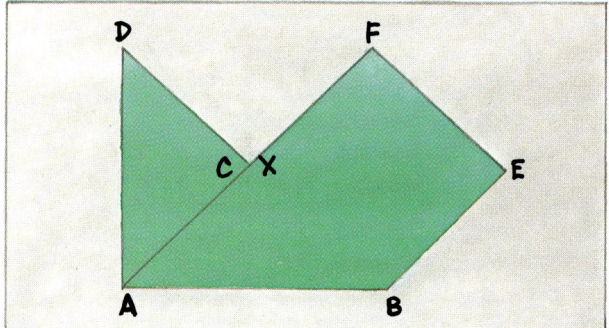

7 Ecke C nach Punkt X falten und das Ganze umdrehen. Ecke E nach Punkt X falten und Kanten feststecken, um die Taschenform zu fixieren.

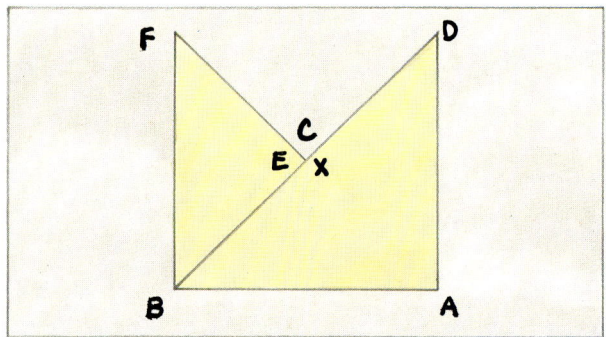

8 Tasche wenden. Die offenen Kanten von Ecke A bis Punkt CX und von Ecke B zu Punkt EX mit überwendlichen Stichen schließen.

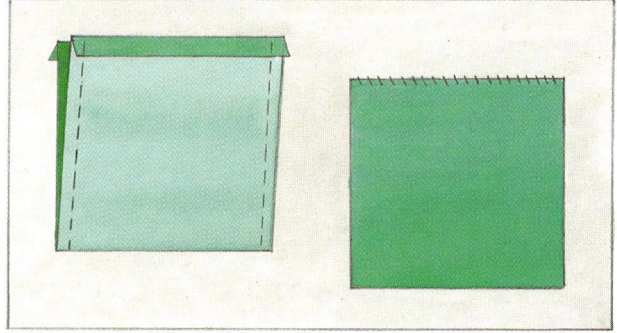

9 Die beiden kleinen, grünen Seidenrechtecke mit Bügelvlies verstärken und in der Breite zur Hälfte falten. Mit 5 mm Naht zusammennähen. Ecken abschneiden, wenden und offene Kanten schließen. Sie haben nun ein Quadrat von 5 cm Seitenlänge.

SASHIKO-TÄSCHCHEN

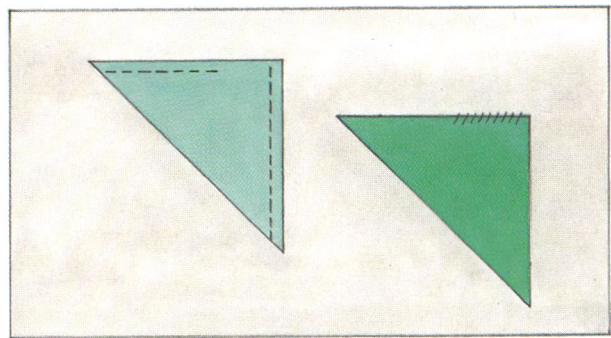

10 Ein quadratisches Stoffteil rechts auf rechts diagonal falten und entlang zweier Seiten mit 5 mm Naht schließen. Wendeöffnung lassen. Ecken abschneiden, wenden und Öffnung mit überwendlichen Stichen schließen.

11 Das Dreieck in die V-förmige Ecke an der Vorderseite der Tasche einsetzen und das Quadrat an der Rückseite. Von der Innenseite der Tasche mit feinen Stichen arbeiten.

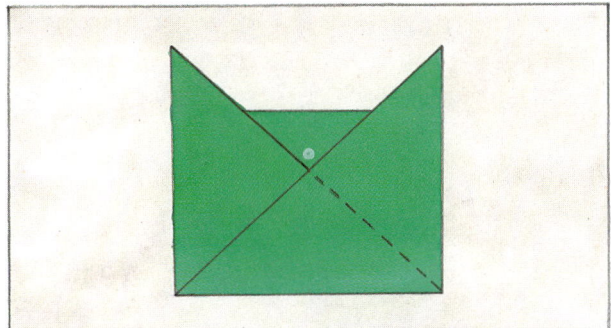

12 Obere Hälfte des eingesetzten Quadrates zur Taschenvorderseite falten und unter diese Klappe einen Druckknopf nähen.

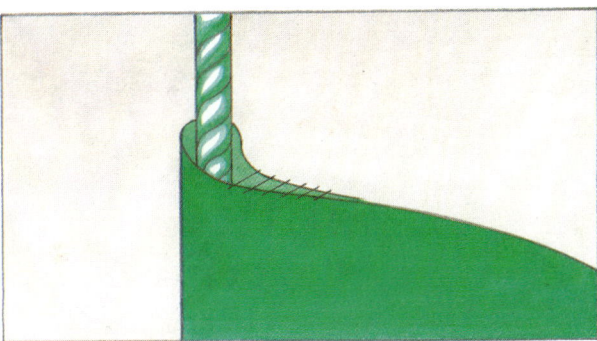

13 Ein langes Stück dicke Kordel als Träger an den beiden Spitzen der Tasche unsichtbar festnähen. Eine sehr dicke Kordel kann man in die Naht der Taschenseiten stecken und die Nähte wieder schließen, damit man die Enden nicht sieht.

14 Dünne Litze vorn und hinten auf die Nähte der Tasche applizieren. Mit unsichtbaren Stichen arbeiten.

15 Aus dem Goldfaden und grünem Faden drei Quasten herstellen und an den unteren Ecken und der Verschlußklappe festnähen.

5
Die Muster-bibliothek

Muster auswählen

Dieses Kapitel zeigt beliebte traditionelle und moderne Patchwork- und Quiltmuster. Die Musterbibliothek ist nach den verschiedenen Mustertypen eingeteilt: zum Beispiel Neunerblöcke, alle Log Cabins, Quiltmuster und so weiter.

Sie können die Muster ganz unterschiedlich benutzen – entweder als Anregung für Alternativmuster in Ihrem Samplerquilt oder für Projekte aus anderen Quellen, vielleicht sogar für Ihre eigenen Entwürfe. Kombinieren Sie die Muster und passen Sie sie an. Lassen Sie Ihrer Fantasie freien Lauf.

Rechts oben: Variation des Fächerblocks

Rechts: Quilt und Randbordüre in Streifentechnik

Links: Sonnenblumenstern
(auch »Broken Star«)

Unten links: Sternenblöcke
mit Sägezahnrand

Unten: Würfel (»Tumbling
Blocks«) und Babyblocks

Musterbibliothek

Viererblöcke

Viererblockmuster gibt es von sehr einfach bis ziemlich komplex. In Blöcken wie »Attic Windows« (Dachfenster) und »Oh Susanna« sind alle Viertel des Blocks identisch und zum Zentrum gleich ausgerichtet. Bei anderen Mustern wie »King's X« (Des Königs X) sind die Viertel spiegelbildlich genäht; bei Mustern wie dem »Double Four Patch« (Doppelter Viererblock) sind je zwei der Viertel gleich.

Simple Four Patch
Einfacher Viererblock

Double Four Patch
Doppelter Viererblock

Rail Fence
Gitterzaun

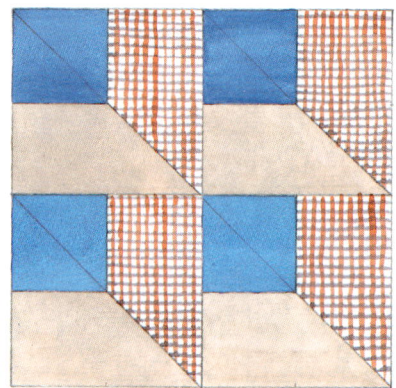

Attic Windows
Dachfenster

Viererblock mit Windrädern und schlichten Quadraten

Pinwheel
Windrad

Oh Susannah
O Susanna

VIERERBLOCKMUSTER

Pinwheel Variation
Windrad (Variation)

Nine Patch in Four Patch
Neunerblock im Viererblock

Devils Puzzle
Teufelspuzzle

Double Z
Doppel-Z

Sawtoothed Square
Quadrat mit Sägezähnen

Sawtooth
Sägezahn

Star
Stern

Eight Star Flower
Achterstern-Blüte

King's X
Königs-X

Musterbibliothek

Neunerblöcke

Da Neunerblöcke aus mehr Teilen bestehen als Viererblocks, ergibt sich eine große Mustervielfalt. Bei Neunerblöcken sind die Teile selten alle gleich; oft ist das Mittelquadrat ein schlichtes Stück Stoff, wie etwa im »Rolling Stone« (Rollender Stein) und »Corner Nine Patch« (Neunerblock in der Ecke). Im Block »Nine Patch Variation« ist das Mittelquadrat zusammengesetzt und zieht den Blick auf sich. Viele Neunerblöcke sind diagonal aufgebaut, wie die Jakobsleiter. Auch das Ahornblatt («Maple Leaf«) gehört dazu, es ist aus wirklich einfachen Teilen raffiniert zusammengesetzt.

Basic Nine Patch
Neunerblock (Grundform)

Nine Patch Variation
Neunerblock (Variation)

Corner Nine Patch
Neunerblock in der Ecke

Bear's Paw
Bärentatze

Neunerblock mit einfarbigen Quadraten im Wechsel

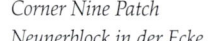

NEUNERBLOCKMUSTER

Ohio Star
Stern von Ohio

Star Variation
Sternenvariation

54 or 40 or Fight
54 oder 40 oder Kampf
(polit. Anspielung: Entscheidung um
eine Grenzlinie während des amerikanischen Bürgerkrieges)

Jacobs' Ladder
Jakobsleiter

Cross and Crown
Kreuz und Krone

Maple Leaf
Ahornblatt

Card Trick
Kartentrick

Churn Dash
Butterfaß

Rolling Stone
Rollender Stein

129

Musterbibliothek

Unregelmäßige Blöcke

Solche Blöcke sind oft nicht ganz problemlos zu nähen. Manche haben Kurvennähte oder Y-Nähte wie »Covered Bridge« und der Früchtekorb. Andere Blöcke haben zwar gerade verlaufende Nähte, doch die Einzelquadrate sind sehr komplex. Beispiele dafür sind »Pine-Tree«, die zusammengesetzte Tulpe und das Schulhaus. Achten Sie also genau darauf, wie die Teile zusammengefügt werden sollen. Lösen Sie den Block in seine Bestandteile auf, und suchen Sie die geraden Nähte. Manche der unregelmäßigen Blöcke sind eine Kombination von Applikation und Zusammensetzen. »Grandmother's Fan« oder der Dresdner Teller und seine Variationen sind zuerst zusammengesetzt und dann auf ein Stoffquadrat appliziert. »Carolina Lily« ist zusammengesetzt, die Stiele aber sind appliziert (siehe Seite 78). Alle diese Blöcke sind aber quadratisch und können gegen einen der vorgeschlagenen Samplerblöcke ausgetauscht oder in ein neues Projekt mit Blockmuster eingearbeitet werden.

Attic Windows
Dachfenster

Attic Windows Variation
Dachfenster (Variation)

Four Crown
Viererkrone

Sailboat
Segelboot

School House
Schulhaus

Covered Bridge
Überdachte Brücke

UNREGELMÄSSIGE BLÖCKE

Pieced Tulip
Zusammengesetzte Tulpe

Carolina Lily
Lilie von Carolina

Grandmother's Fan Variation
Großmutters Fächer (Variation)

Fruit Basket
Früchtekorb

Tree of Life
Lebensbaum

Pine Tree
Kiefer

Dresden Plate
Dresdner Teller

Grandmother's Fan
Großmutters Fächer

Dresden Plate Variation
Dresdner Teller (Variation)

131

Musterbibliothek

Muster ohne Blockeinteilung

Die Muster auf dieser Seite sind besonders faszinierend und eignen sich für ganze Quilts oder zum Applizieren auf unifarbenen Hintergrundstoff. Die spektakulären »Lone Star«- und »Broken Star«- Quilts werden aus 45°-Rauten aufgebaut. Aus 60°-Rauten kann man Sechsecke zusammensetzen. Möchten Sie Sterne oder Sechseckmotive aus Dreiecken bilden, so können Sie diese zuerst in Streifen zusammensetzen, die dann mit der Maschine aneinandergenäht werden – ein Zeitgewinn gegenüber der traditionellen englischen Papiermethode (siehe Seite 106). Aus Dreiecken können große Flächen gebildet werden. Das Muster »1000 Pyramiden« entsteht aus 65°- Dreiecken.

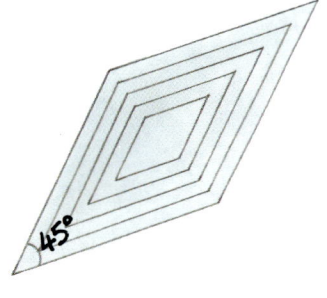

Schablone für »Lone Star«

*Lone Star
Rautenstern*

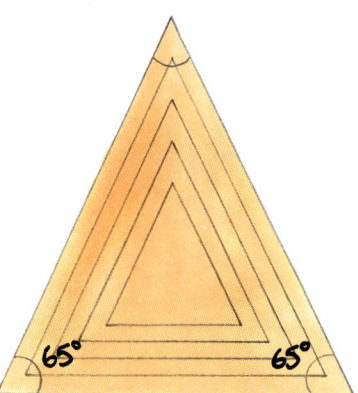

Schablone für »1000 Pyramids«

*1000 Pyramids
1000 Pyramiden*

Medaillon, nicht aus Blöcken gebildet, mit einem »Flying-Geese«-Rand.

MUSTER OHNE BLOCKEINTEILUNG

Hexagon Ferris Wheel
Sechseck-Riesenrad

Tumbler
Becher

Tumbling Blocks
Bauklötzchen

Broken Star
Gebrochener Stern

Sunburst
Plötzlich durch die Wolken brechender Sonnenstrahl

Giant Dahlia
Riesendahlie

Double Wedding Ring
Doppelter Ehering

Flying Geese
Fliegende Wildgänse

Musterbibliothek

Applikationsmuster

Applikationsformen werden auf Hintergrundstoff aufgenäht und können einfach oder sehr kompliziert sein. Natürlich gibt es unzählige Motive, und hier sind nur die beliebtesten abgebildet. Haben Sie noch nicht viel Übung, so fangen Sie mit einfachen Formen wie Blättern, Blumen und Vögeln an. Arbeiten Sie nach der Anleitung von Seite 78. Sobald Sie sicherer geworden sind, können Sie sich auch an anspruchsvollere Themen wagen. Versuchen Sie die »Rose of Sharon« oder »Radical Rose«. Applizieren können Sie auf Blöcken (siehe Samplerquilt Seite 78) oder auch auf großen Flächen. Eigene Applikationsmuster zu entwerfen ist nicht so schwer. Wählen Sie einfache Formen, oder vereinfachen Sie die Linien von komplizierten Umrissen. Vermeiden Sie langgezogene Spitzen und schmale Linien. Zeichnen Sie Ihren Entwurf in Originalgröße, und stellen Sie Schablonen davon her (siehe Seite 42).

Blatt

Taube

Blume

Kleeblatt

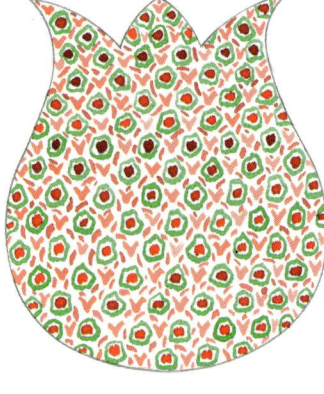

Tulpe (Detail)

Quilt mit applizierten Blumenkränzen

APPLIKATIONSMUSTER

Vogel

Tulpe

Birne

Radical Rose
Rose der Radikalen (polit.)

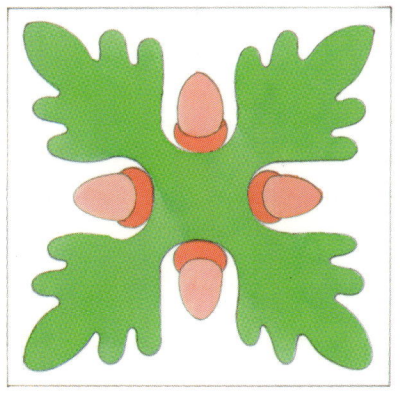
Oak Leaf
Eichenlaub

Ohio Rose
Rose von Ohio

Rose of Sharon
Rose von Sharon

Rose of Sharon Variation
Rose von Sharon (Variation)

Crossed Tulip
Gekreuzte Tulpen

Musterbibliothek

Log-Cabin-Blöcke

Im Samplerquilt (Seite 80) haben wir den traditionellen Log Cabin Block gearbeitet, doch gibt es noch viele andere. Immer zwei gleiche Stoffstreifen bilden ein Muster mit farbigen Winkeln. Bei den »Courthouse Steps« werden immer die gegenüberliegenden Streifen gleichfarbig genäht. Der Log Cabin Block wird gern mit hellen und dunklen Stoffen gearbeitet und kann noch weiter abgewandelt werden: etwa vier kleine Log Cabins als Viererblock. Verschiedene Streifenbreiten verschieben das Mittelquadrat. Nähen Sie zur Abwechslung die Streifen leicht schräg, oder um ein Rechteck anstelle des zentralen Quadrats.
Das Prinzip des Log-Cabin-Blockaufbaus kann auch auf andere Muster angewandt werden, auch bei dreieckigen oder rautenförmigen Zentren.

Basic Log Cabin
Blockhaus (Grundform)

Log Cabin Variation
Blockhaus (Variation)

White House Steps
Stufen zum weißen Haus

Log Cabin Four Patch
Blockhaus Viererblock

Log Cabin
Grundform

LOG-CABIN-BLÖCKE

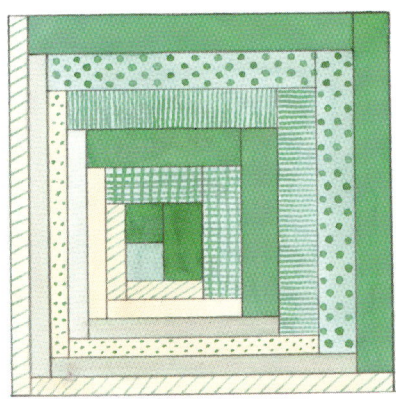

Thick and Thin Log Cabin
Blockhaus mit verschiedenen Streifenbreiten

Rectangular Log Cabin
Rechteckiges Blockhaus

Log Cabin Corner
Blockhaus-Ecke

Pineapple
Ananas

Courthouse Steps
Stufen zum Gerichtsgebäude

Dreieckiges Log Cabin

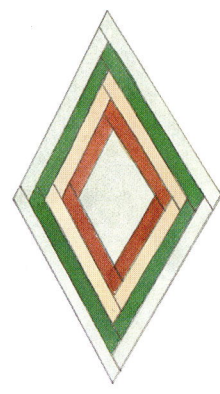

Rautenförmiges Log Cabin

Crazy (verrücktes) Log Cabin

137

Musterbibliothek

Log-Cabin-Variationen

Alle Muster auf dieser Seite wurden aus unterschiedlichen Typen des Log Cabin aufgebaut. Aus Blöcken mit der traditionellen Hell/Dunkel-Aufteilung kann man übergeordnete Muster bilden, die ihre eigenen Namen haben wie »Straight Furrow« oder »Barn Raising«. Die Blöcke können so gelegt werden, daß sich Windräder bilden; auch Dreiecke, Quadrate, Rechtecke oder Rauten können das Zentrum sein. Blöcke mit unterschiedlichen Streifenbreiten können zu Sternen arrangiert werden; mehrere Pineapple-Blöcke formen Kreismuster.

Log Cabin Star
Log-Cabin-Stern

Pineapple Log Cabin
Ananasmuster

LOG-CABIN-VARIATIONEN

Block für den Log-Cabin-Stern

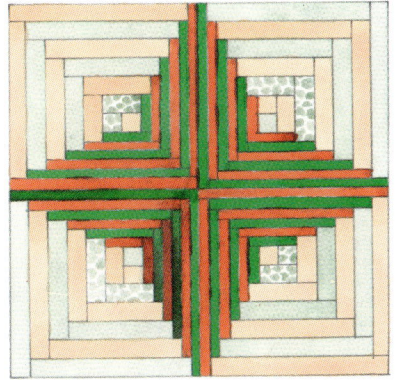

Block mit unterschiedlichen Streifenbreiten

Variation des Blocks mit unterschiedlichen Streifenbreiten

Variation des Blocks mit unterschiedlichen Streifenbreiten

Log-Cabin-Kreuze

*Pineapple
Ananas*

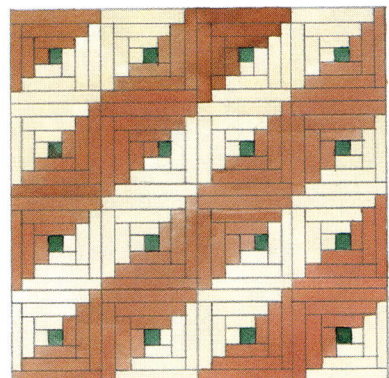

*Straight Furrow
Gerade Furche*

*Barn Raising
Scheunenbau*

Log Cabin (Variation)

139

Musterbibliothek

Muster aus Streifen

Das Prinzip der Streifentechnik ist, verschiedene Stoffstreifen nebeneinander zu nähen und aus dem neu entstandenen Stoffstück Formen zu schneiden, die dann zusammengenäht andere, übergeordnete Sekundärmuster bilden. Dieses Prinzip kann auf viele Muster angewandt werden, sogar mit nur zwei Streifen. Man kann Rauten oder Dreiecke schneiden und zu Sternen und Sechsecken zusammensetzen.

Arbeiten Sie mit vielen Streifen, so können sehr komplexe Muster wie z.B. »Bargello« entstehen. Auch die Irische Kette entsteht aus Streifen: Immer fünf Streifen ergeben die Quadrate, die mit unifarbenen Quadraten abwechseln, deren farbige Ecken entweder appliziert oder ebenfalls in Streifentechnik genäht wurden.

Gleich breite Streifen horizontal zusammennähen und wie abgebildet in vertikale Stücke schneiden.

Nähte an verschiedenen Stellen öffnen, die Streifen verschieben und wieder zusammennähen. So erhält jeder Streifen eine neue Farbfolge.

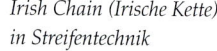

Irish Chain (Irische Kette) in Streifentechnik

Beim Zusammensetzen bilden sich Diagonallinien aus identischen Stoffen.

MUSTER AUS STREIFEN

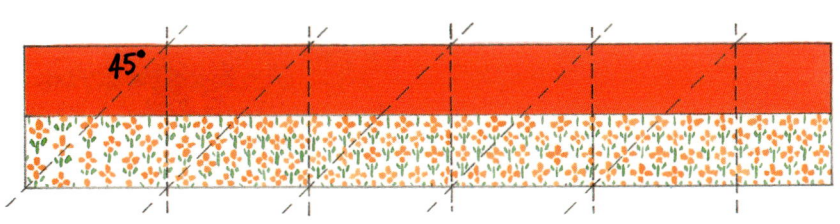

Zwei gleichbreite Streifen aneinandernähen und in neue Teile schneiden. 45°-Dreiecke ergeben die Muster 1 und 2; 90°-Dreiecke das Muster 3, und aus Rechtecken entsteht Muster 4.

Streifenmuster 1

Streifenmuster 2

Streifenmuster 3

Streifenmuster 4

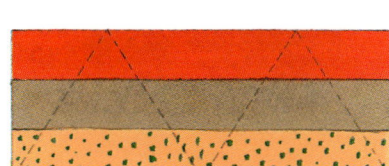

Drei gleichbreite Streifen zusammennähen und 60°-Dreiecke schneiden. Sie können außergewöhnliche Sechsecke daraus arbeiten.

Sechseck

Sechseck (Variation)

Seminole-Muster

Seminole ist eine Streifentechnik, die gewöhnlich für Bordürenmuster auf Kleidungsstücken, Taschen und Quilträndern verwendet wird. Es werden Streifen aneinandergenäht und dann gerade oder schräg zu kleineren Streifen geschnitten. Diese Streifenteile werden schräg gelegt oder versetzt oder umgedreht und neu zusammengenäht. Auf diese Weise entstehen Rauten, Zacken, Schachbrettmuster, Sägezähne und viele andere Muster.

Peinliche Genauigkeit ist beim Seminole unerläßlich, und der Rollschneider ist dafür bestens geeignet. Die Streifen müssen akkurat geschnitten und wieder zusammengenäht werden; besonders die schräggeschnittenen Teile entlarven jede Ungenauigkeit. Sie müssen haargenau im Winkel geschnitten sein und ebenso haargenau wieder zusammengefügt werden.

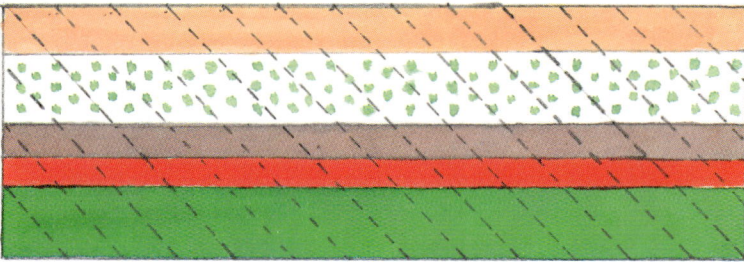

Unterschiedlich breite Streifen zusammennähen und im Winkel wieder zerschneiden.

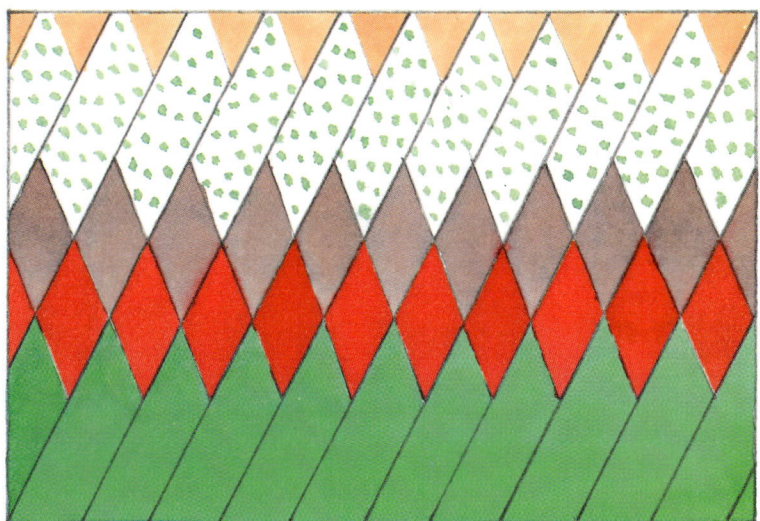

Die geschnittenen Streifen mit anderer Neigung zusammensetzen, so daß ein völlig anderer Effekt entsteht.

SEMINOLE-MUSTER

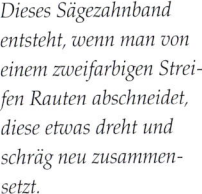

Dieses Sägezahnband entsteht, wenn man von einem zweifarbigen Streifen Rauten abschneidet, diese etwas dreht und schräg neu zusammensetzt.

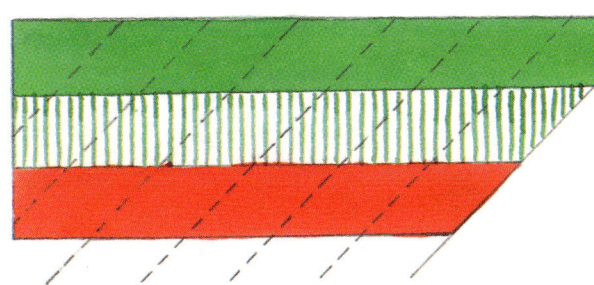

Die beiden Streifenteile oben und unten wurden im entgegengesetzten Winkel zerschnitten und ergeben, abwechselnd wieder zusammengesetzt, ein interessantes Zickzackband (rechts).

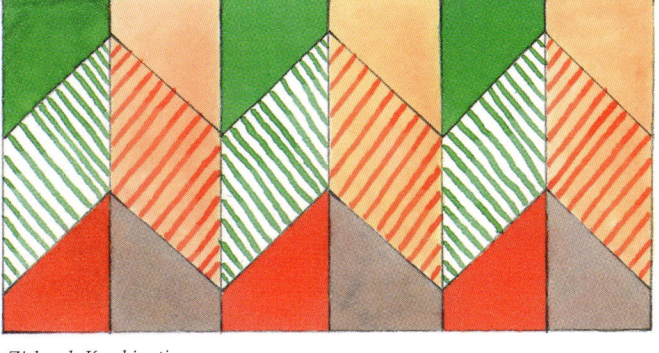

Zickzack-Kombination

143

Musterbibliothek

Kombination von Blöcken und Zwischenstreifen

Zwischenstreifen werden zwischen die einzelnen Blöcke genäht (siehe Seite 38) und wirken wie ein Bilderrahmen, so daß sowohl jeder Block einzeln betrachtet und bewundert werden, als auch im Gesamten wirken kann. Es gibt viele Möglichkeiten, die Blöcke anzuordnen. Hier werden nur einige davon gezeigt. Man kann sie in Formen legen (Dreieck, Achteck) oder Reihen von verschiedenen Blöcken gruppenweise mit Zwischenstreifen trennen. Amische Quilterinnen stellen gerne einen oder mehrere Blöcke auf die Spitze und benutzen sie als Medaillon. Bei aufwendigen Blockmustern wirken einfarbige oder kleingemusterte Zwischenstreifen am besten. Manche Zwischenstreifen kann man in zwei Farben arbeiten, andere sehen wie geflochten aus. Man kann z.B. andersfarbige Eckquadrate einsetzen.

Auf die Spitze gestellte Quadrate

Neunerblöcke

Sternenblöcke

Ahornblatt-Blöcke

Einfarbige Zwischenstreifen mit doppelter Randbordüre

Neunerblock (Variation)

KOMBINATION VON BLÖCKEN UND ZWISCHENSTREIFEN

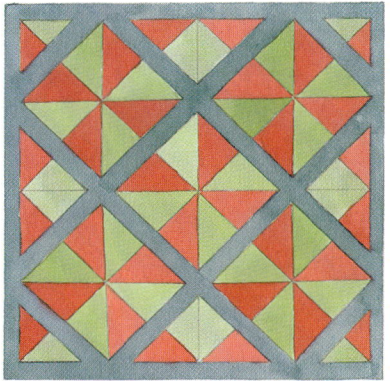
Diagonale Zwischenstreifen

Churn-Dash-Blöcke

Unifarbene, gerade Zwischenstreifen

Überkreuzte Anordnung

Zusammengesetzte Blöcke als Zwischenstreifen

Achteckige Anordnung

Zwischenstreifen in Streifentechnik

Churn-Dash-Variation als Randbordüre

Abwechselnde Blöcke in der Randbordüre

145

Musterbibliothek

Gleiche Blöcke kombinieren

Patchworkerinnen lieben Sekundärmuster, die erst zutage treten, wenn einfache Blöcke ohne Zwischenstreifen aneinandergesetzt werden. Auf diese Weise werden die Nahtlinien des einen Blocks auf dem nächsten optisch weitergeführt. Aus manchen Blöcken kann man verschiedene Muster bilden, z.B. ermöglicht die Zuckerdose (siehe Seite 76) auch »Drunkard's Path« (Weg des Betrunkenen) und den Freundschaftsring. Neue, blockübergreifende Umrisse entstehen, wenn man Blöcke farblich geordnet aneinandersetzt. Das Blatt des Spitzahorn ist dafür ein eindrucksvolles Beispiel die kleinen Dreiecke des hellen Blockes bilden erst mit dem dunklen Nachbarblock das komplette Muster.

(weiter auf Seite 148)

Sugar Bowl
Zuckerdose, Grundform 1

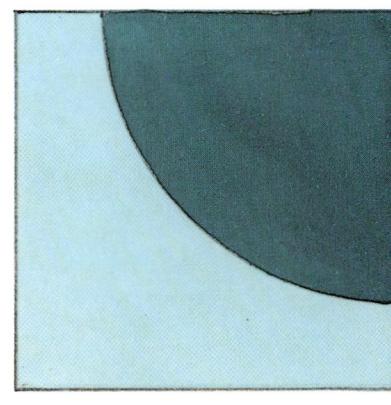

Sugar Bowl
Zuckerdose, Grundform 2

Die Grundformen 1 und 2 der Zuckerdose in Kombination

GLEICHE BLÖCKE KOMBINIEREN

Love Ring
Freundschaftsring

Drunkard's Path
Weg des Betrunkenen

Ahornblatt
Grundform hell

Ozark Maple Leaf
Spitzahornblätter

Ahornblatt, Grundform dunkel

Ahornblatt (Kombinationsvariante)

Musterbibliothek

(Fortsetzung von S.146):

Man kann bekannte Blöcke zu neuen Mustern kombinieren. Das Beispiel rechts unten ist eine abgewandelte »Rolling Stone«-Kombination. Snail Trail, hell/dunkel abgewechselt, wird zu einem zusammenhängenden Flächenmuster

Snail Trail
Schneckenspur (Einzelblock)

Snail Trail
Schneckenspur

Snail Trail
(4 Einzelblöcke zusammengesetzt)

Kombinierte Snail-Trail-Blöcke

GLEICHE BLÖCKE KOMBINIEREN

Devil's Puzzle / Teufels-Puzzle

Devil's Puzzle mit einem Block in umgekehrter Farbfolge kombiniert

Windmill Block / Windmühlenblock

Windmühle, anders kombiniert

Rolling Stone Block / Block »Rollender Stein«

Veränderter Rolling-Stone-Block

Rolling-Stone-Kombination

Zusammengesetzte Randbordüren

Wenn Sie Ihr Randmuster planen, wählen Sie nach Möglichkeit ein Motiv, das auf der Patchworkoberseite vorkommt, also Sternenmuster mit Sternenrand oder Sägezahnrand bei Dreiecksmustern wie Bärentatze, Korb oder Lebensbaum. Randbordüren mit runden Nähten wie »Drunkard's Path« passen gut zu den Patchworkmustern Dresdner Teller oder »Grandmother's Fan«. Rauten in der Randbordüre ergänzen Quilts mit komplexen Sternenmustern.

Randbordüre aus Quadraten

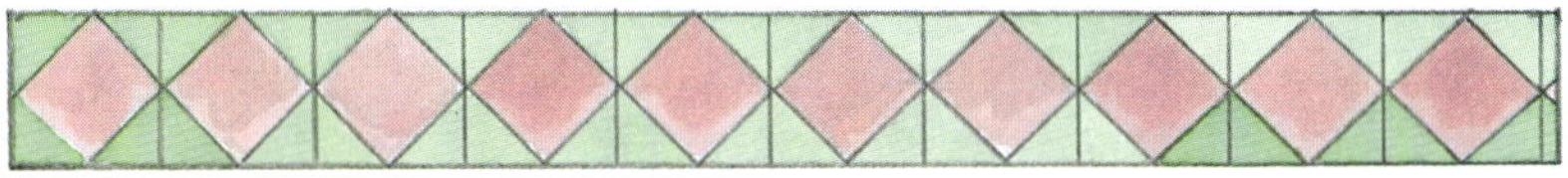

Auf die Spitze gestellte Quadrate

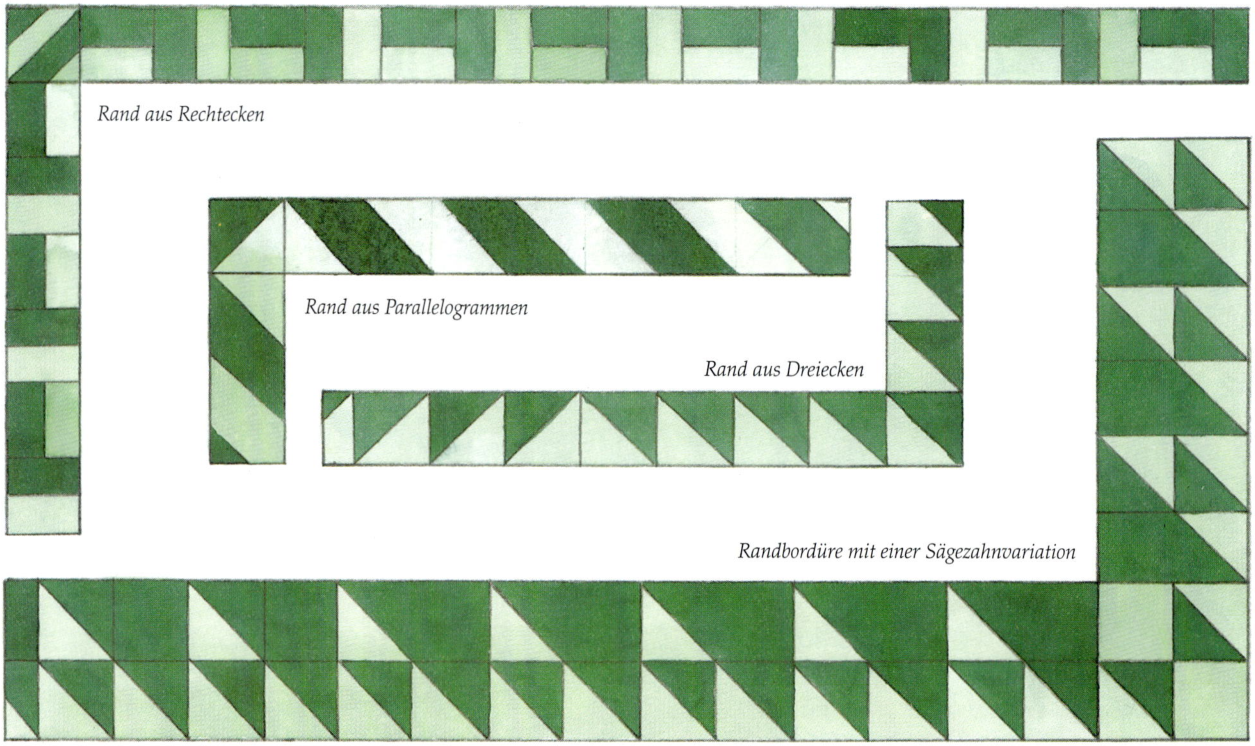

Rand aus Rechtecken

Rand aus Parallelogrammen

Rand aus Dreiecken

Randbordüre mit einer Sägezahnvariation

ZUSAMMENGESETZTE RANDBORDÜREN

Gedrehtes Band

Flying-Geese-Rand

Gedrehtes Band (Variation)

Rand in Streifentechnik mit Viertelkreis in der Ecke

Rand mit »Drunkard's Path«-Bordüre

Spitzen und Ecken

Sternenbordüre

Musterbibliothek

Quiltmuster für Bordüren

Die Auswahl an Bordürenmustern ist reichhaltig und vielfältig. Genau wie bei traditionellen Medaillons werden gerne Blumen, Sterne und Federn als Motiv genommen. Manche Muster bestehen aus Zopfvariationen (gedreht oder geflochten) oder Wellen. Schwierigere Bordüren sind Kombinationen mehrerer Elemente, z.B. gedrehte Zöpfe, die von Federgirlanden oder Blattranken umschlungen werden.
Wählen Sie Ihr Muster so, daß es das Hauptelement des Quilts wiederspiegelt. Bilden Sie eigene Variationen, indem Sie Blumen, Blätter, Kreise oder Spiralen vom Stoffmuster übernehmen. Oder Sie füllen größere Musterzwischenräume mit Karo- oder Diagonallinien aus.

Cathedral Window
Kirchenfenster

Crescent and Heart
Girlande und Herz

Welle, von Federgirlande umschlungen

Fan
Fächer

Girlande (Variation)

Verschränkte Rhomben

Diese Quiltbordüre wiederholt die Form der Bogenkante.

QUILTMUSTER FÜR BORDÜREN

Plait
geflochtener Zopf

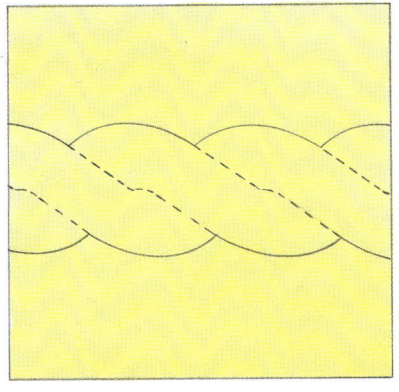

Cable
gedrehter Zopf

Zopfmuster (Variation)

Zopfmuster (Eckform)

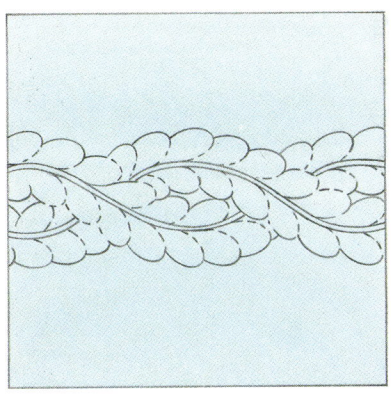

Verschlungene Federgirlande

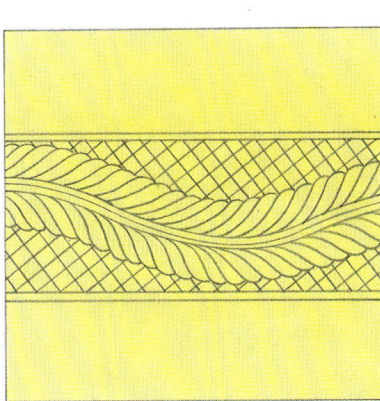

Federband (Variation)

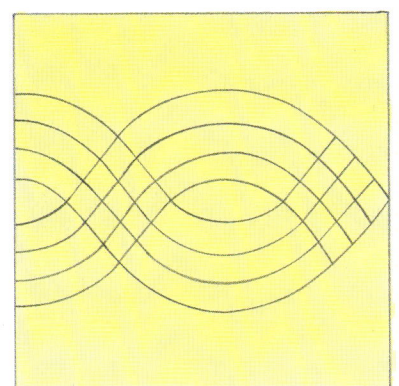

Wellenvariation

Herz und Blume

Spiralen

153

Flächenmuster

Flächenmuster lassen gequiltete Medaillons und Bordüren optisch hervortreten. Ursprünglich waren große Flächen nur gequiltet, um die Wattierung an ihrem Platz zu halten. Gequiltete Flächen bilden einen schönen Kontrast zu den Hauptmotiven.
Wählen Sie ein Muster, das in Stil und Charakter dem Hauptmotiv ähnlich ist. Haben Sie zum Beispiel ein Blütenmedaillon im Zentrum, wirken Flächen aus Diagonallinien oder Schachbrettmuster besser als ein modernes, asymmetrisches Zackenmuster. Kreise, Muscheln oder Regenbogen können leicht mit runden Schablonen aufgezeichnet werden. Dies ist wesentlich einfacher, als das Quiltmuster zu vergrößern und durchzupausen.

Muscheln

Kreise

Regenbogen

Schottenkaro

Drapierte Girlanden

Diagonalen

Diagonalen (Variation)

FLÄCHENMUSTER

Diagonalen (Variation)

Diagonalen (Variation)

Diagonalen im Schachbrettmuster

Schachbrett

Schachbrett (Variation)

Zickzack (Variation)

Auf die Spitze gestellte Quadrate

Auf die Spitze gestellte Quadrate (Variation)

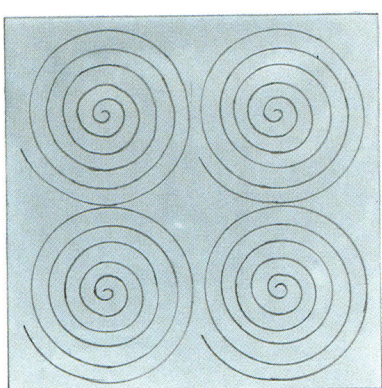
Spiralen

155

Musterbibliothek

Einfassungen und Randabschlüsse

Die Einfassung Ihres Quilts verdient genaue Überlegung. Viele Quilts mit komplexen Mustern sehen mit schlichten Einfassungen am besten aus. Schrägstreifen (siehe Seite 60) können um Ecken und Bogen geformt werden, doch muß die Einfassung keineswegs immer so karg sein. Entweder Sie wählen auffallend gemusterten Stoff aus Ihrem Patchwork, oder Sie fassen ihn in Streifentechnik ein (gleichmäßig oder zufällig). Sie können aber auch ganz verschiedene Reste Ihres Patchworks »crazy« zusammensetzen.

Ist Ihr Quilt aus grobem Stoff, fransen Sie die Kanten aus. Vielleicht schneiden Sie die Fransen zurecht oder binden Knoten. An feinen Arbeiten wie Babyquilts wirken Rüschen sehr nett. Geformte Kantenabschlüsse werden aus zwei Stofflagen genäht, die dann gewendet und schmalkantig aufgesteppt werden. So entstehen Bogen, Muscheln, Wellen oder Zacken.

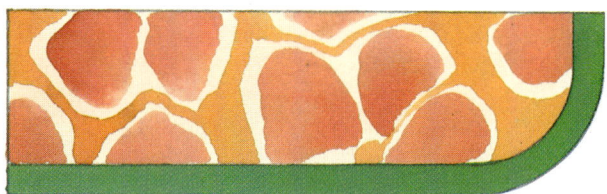
Abgerundete Ecke

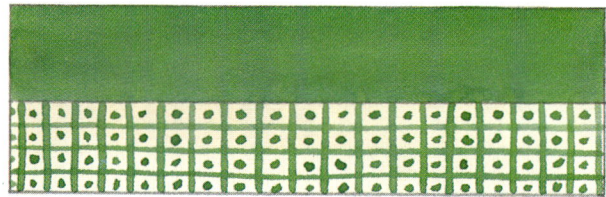
Gerade Einfassung aus gemustertem Stoff

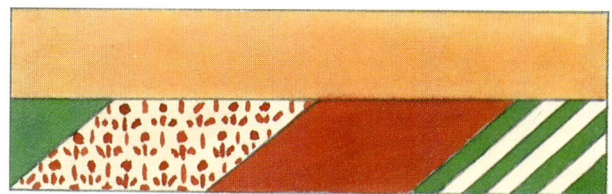
Streifentechnik (Variation)

Streifentechnik (Variation)

Muschelkante

Zufällig zusammengesetzte Stoffe als Einfassung

EINFASSUNGEN UND RANDABSCHLÜSSE

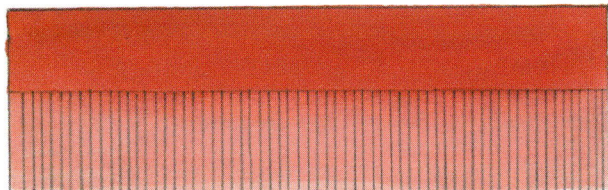

Fransenkante

Fransen und Spitze

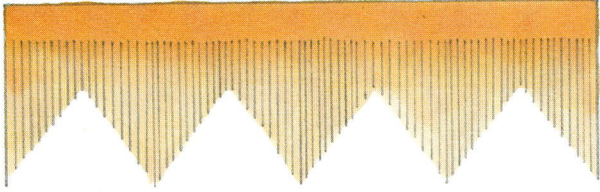

Fransenvariation

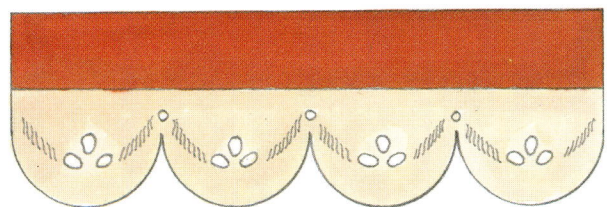

Spitzenstoffkante

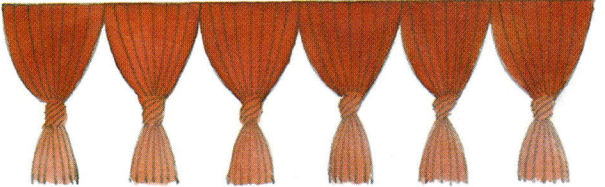

Geknotete Fransen

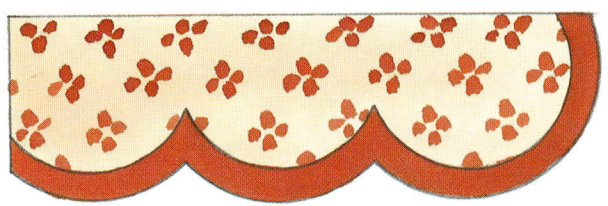

Geformte Kante

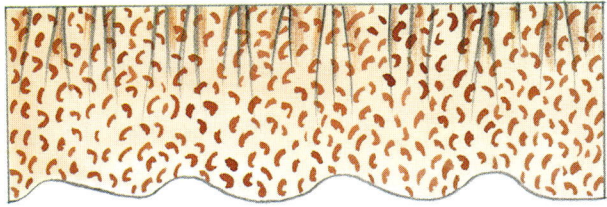

Einfache Rüsche

Zackenkante

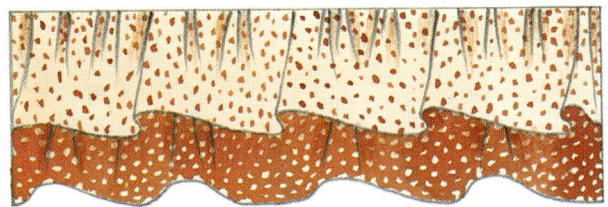

Doppelte Rüsche

Wellenkante

157

Musterbibliothek

Wholecloth-Quiltmotive

Viele der hier gezeigten Medaillonmotive sind traditionellen Ursprungs. Man kann sie mit einer Unmenge anderer Muster kombinieren und arrangieren und auf Projekte verschiedenster Art und Größe anwenden. Arbeiten Sie ein großes Stück, wie etwa einen Bettquilt oder einen Wandbehang, so möchten Sie vielleicht zusätzlich eine Quiltbordüre um das Medaillon führen (siehe Seite 152) oder ein Füllmuster auf den Hintergrund arbeiten (siehe Seite 154); doch wirken die Medaillons auch für sich allein.

Besonders Blumen sind beliebt. Die Blütenblätter unserer Beispiele sind gerade, rund, überlappend, gefiedert, spitz oder gespalten. Man kann sogar Muschelmuster entsprechend variieren. Auch Federmotive sind als Quiltmuster verbreitet und können fast auf jeder Fläche angewandt werden. Betonen Sie den Umriß Ihres Medaillons durch eine doppelte Linie oder durch Echoquilting. Manche Motive passen in rechtwinkelige Ecken und eignen sich als Eckmotiv in einem rechteckigen Quilt.

Blüte mit überlappenden Blättern

Stern mit Echoquilting

Blütenvariation

Wholecloth-Quilt mit Federmustern

WHOLECLOTH-QUILTMOTIVE

Feder

Feder in Herzform

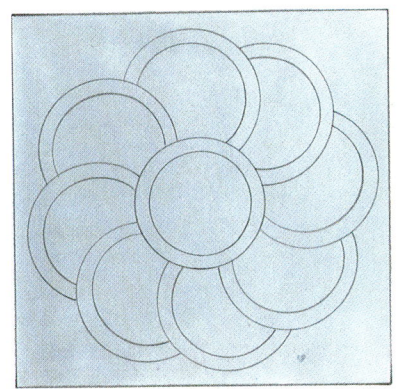
Blüte mit Doppellinie

Ring aus Kreisen

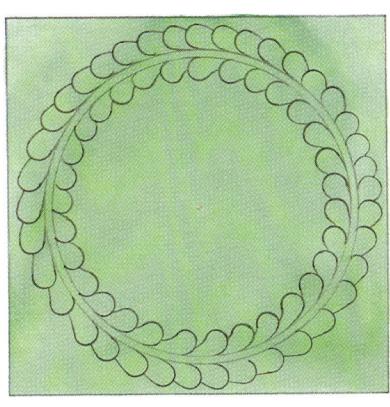
Federkranz

Eckmotiv mit Feder

Blütenvariation

Muster aus Blüte und Feder

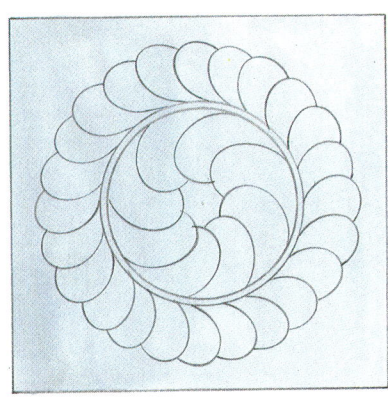
Federkranz-Variation

Amische Muster

Amischquilts sind für ihre klaren Farben berühmt. Sie können Ihrem Amischquilt durch Verwendung eines traditionellen amischen Patchworkmusters zusätzliche Authentizität verleihen. Viele Amischquilts beginnen mit einem einzelnen Block, der im Zentrum auf die Spitze gestellt wird, mit einer Anzahl farbiger und schwarzer Randbordüren umgeben, die jeweils mit dekorativem Quiltmuster verziert sind. Breite oder schmale Balken in lebendigen Farben sind sehr beliebt, wieder mit ein- oder mehrfachen Bordüren umgeben. Viele Amischbordüren bestehen aus einem Streifen mit einem hellen Eckquadrat am Ende. Interessant ist auch die Ecke des hier abgebildeten »Garden Maze«. Populäre Blöcke der Amischen sind: Doppel-T, Bärentatze, Windrad, Dornenkrone, Korb und Lebensbaum.
Die Blöcke des »Friendship Star« (Freundschaftsstern) bilden ihr Muster erst, wenn sie zusammengesetzt werden. »Trip around the World« (Reise um die Welt) ist ein einfaches Muster, das auch in Streifen, die neu arrangiert werden, zusammengesetzt werden kann.

Friendship Star (auch: Batchelor's Puzzle)
Freundschaftsstern (auch: Junggesellenpuzzle)

Water Wheel
Wasserrad

Wasserrad (Variation)

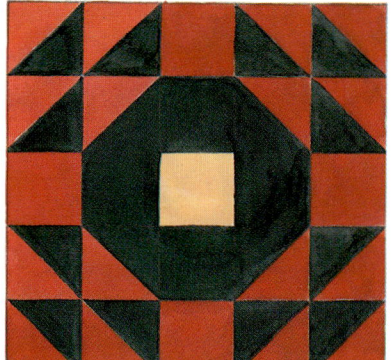

Crown of Thorns
Dornenkrone

Trip Around the World
Reise um die Welt

AMISCHE MUSTER

Double-T
Doppel-T

Bear's Paw
Bärentatze

Garden Maze
Irrgarten

Basket
Korb

Korb (Variation)

Tree of Life
Lebensbaum

Typischer Amischquilt

Musterbibliothek

Englische Patchworkmuster

Da für englisches Patchwork einzelne Teile über Papier geheftet und dann zusammengenäht werden, braucht man keine langen Maschinennähte anzustreben und kann jedes beliebige Mosaikmuster arbeiten. Nur Y-Nähte sind ein wenig unhandlich. Zeichnen oder pausen Sie die Formen sehr genau durch, und verwenden Sie sie als Schablonen, um Stoff- und Papierteile zuzuschneiden. Aus ganz einfachen Schablonen können wundervolle Muster entstehen.
Für das Muschelmuster werden die Stoffe an den Bogen um das Papier geheftet und dann zu Reihen gesteckt oder geheftet. Dann wird jede Reihe auf die obere appliziert, so daß die offenen Kanten verdeckt werden.

Tumbling Blocks
Bauklötzchen

Mosaics
Längliche Waben

Variation aus Sechsecken und Quadraten

Dreiecke

Tumbling-Blocks-Quilt

Achtecke

ENGLISCHE PATCHWORKMUSTER

Dark and light
Hell und Dunkel

Garden Path
Gartenweg

Split hexagons
Geteilte Sechsecke

Clamshells
Muscheln

Diamonds
Rauten

Diamond variation
Rauten (Variation)

Zweifarbige Rauten

Dreidimensionale Rauten

Vielfarbige Rauten

163

Sashiko-Muster

Die meisten Sashikomuster sind geometrische Grundformen, die zu Flächenmustern zusammengestellt sind. In Japan werden die Sashikoflächen auf den Kimonos gerne asymmetrisch angeordnet (wie auf dem Abendtäschchen von Seite 118). Manche Muster sind sehr schlicht und können mit langen Fäden in einer Richtung gequiltet werden. Andere sind sehr komplex und haben viele Winkel und Ecken; doch sind die Muster erst einmal vorgezeichnet, sind sie alle einfach zu quilten. Verwenden Sie mehrere Muster auf einem Projekt, so wählen Sie verschiedene Sorten von geraden Linien, Quadraten, Kreisen, Dreiecken und Zickzack- und Wellenlinien.

Kurven

Verflochtene Linien

Quadrate und Ecken

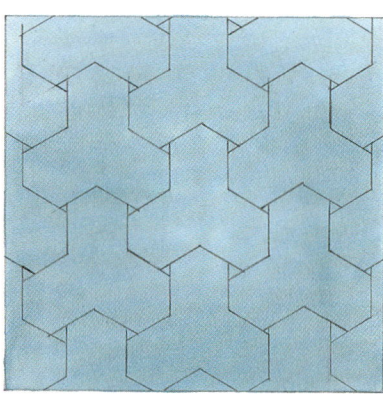
Verflochtene Formen

Sashiko-Jacke mit mehreren unterschiedlichen Sashiko-Mustern.

SASHIKO-MUSTER

Kreise in Kreisen

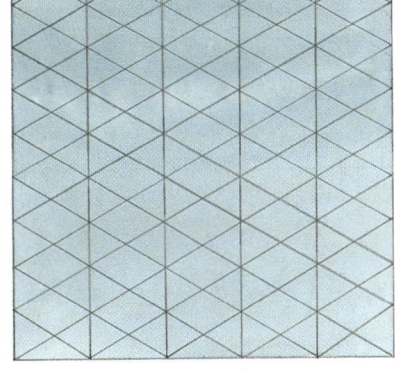
Rauten

Spitzbogen

Gipfel

Rankgitter

Wolken

Muscheln

Kreuze und Quadrate

Ecken

J ede Quilterin träumt davon, eines Tages zufällig auf dem Speicher einen fehlerlos gearbeiteten, makellos erhaltenen Quilt zu entdecken. Doch die Zeiten solcher Glücksfunde sind eigentlich vorüber, denn die meisten Menschen wissen über den Wert solcher Stücke Bescheid und haben sie längst verkauft oder hüten sie für sich selbst. Wahrscheinlicher ist, daß Sie eines Tages einen alten Quilt kaufen werden. Gut erhaltene Quilts

Die beiden Quilts auf dieser Seite stammen aus dem Ende des 18. Jahrhunderts und zeigen deutlich, wie bei guter Pflege Farbe und Leuchtkraft erhalten bleiben.

QUILTPFLEGE

Reparatur und Pflege von Quilts

erzielen hohe Preise. Bevor Sie mit irgendwelchen Reparaturen beginnen, müssen Sie daran denken, daß größere Veränderungen den Wert beeinträchtigen wie bei anderen Antiquitäten auch. Haben Sie den Quilt als Wertanlage gekauft, so wird es genügen, ihn zu reinigen – solange ihm kein Schaden zugefügt wird. Soll der Quilt benutzt werden, so können Sie ihn getrost reparieren oder ganze Teilstücke ersetzen.

Einen alten Quilt zu säubern ist nicht einfach, denn er kann dabei großen Schaden nehmen. Die Farben können auslaufen oder die Stoffe eingehen; die Wattierung ist vielleicht nicht waschbar. In jedem Fall ist allervorsichtigste Handwäsche anzuraten. Testen Sie das Waschmittel an einer winzigen Stelle des Quilts, um ein Desaster zu vermeiden. Kaltes Wasser läßt Farben weniger auslaufen, verwenden Sie auch möglichst wenig Flüssigkeit. Oft genügt es schon, einzelne Flecken auf der Oberfläche zu entfernen, um den Quilt wieder vorzeigbar zu machen.

Ist der Stoff noch gut, können Sie eine chemische Reinigung versuchen. Wenn Sie das Material von Stoff und Wattierung nennen, so kann Sie die Reinigung besser beraten. Haben Sie sowieso vor, an dem Quilt Änderungen vorzunehmen, können Sie einen kleinen Bereich auftrennen um zu prüfen, welche Wattierung darin verwendet wurde. Wenn Sie einen Quilt reparieren möchten, müssen Sie den einen oder anderen Teil durch neuen Stoff ersetzen. Aufgegangene Nähte können Sie mit unsichtbaren Stichen (Matratzenstich) schließen. Vermoderte, zerrissene, stockfleckige oder

REPARATUR UND PFLEGE VON QUILTS

mottenzerfressene Teile ersetzen Sie durch möglichst ähnlichen Stoff. Nähte vorsichtig auftrennen und die herausgetrennten Teile als Zuschneidemuster für die neuen Stoffe verwenden. Nähen Sie so viele Nähte wie möglich mit Vorstichen und erst den Rest mit Matratzenstichen. Wenn nötig, neu quilten.

Alte Wattierung wird oft flach und klumpig. Dagegen hilft das Darüberhalten eines dampfenden Bügeleisens, wenige Zentimeter über der Oberfläche. Vorsichtig – nicht den Stoff versengen. Ist die Wattierung irreparabel, die Patchworkoberseite aber noch intakt, so lohnt es sich, sie über neuem Rückseitenstoff und neuer Wattierung ganz neu zu quilten. Ist ein Quilt völlig derangiert, so können Sie – falls Sie es übers Herz bringen – einen noch erhaltenen Bereich herausschneiden und als Babyquilt, Kissenhülle, Verzierung eines Kleidungsstücks oder als dekorativen Wandschmuck verwenden.

Quilts, die nicht sorgfältig behandelt werden, gehen schnell kaputt. Besonders die Einfassung ist bald zerfranst und abgenutzt.

Ein Quilt kann unterschiedlich präsentiert werden. Nähen Sie einen Tunnel oder Stoffschlaufen (siehe Abb. rechts und ganz rechts) oben an die Rückseite. Schieben Sie eine Holzstange durch.

REPARATUR UND PFLEGE VON QUILTS

In vielen Galerien und Museen sind ständig Quilts ausgestellt, doch müssen große Anstrengungen unternommen werden, damit sie nicht verblassen oder verschmutzen. Bei Ihren Quilts zu Hause sollten Sie grelles Licht und übermäßige Feuchtigkeit vermeiden und für eine möglichst gleichbleibende Temperatur sorgen.

Nähen Sie Klettband (Abb. links) auf Stoff und dieses Stoffband an die Quiltrückseite. Das Klettband-Gegenstück an einer Latte oder einem stoffbezogenen Rahmen befestigen. Der Quilt kann so angebracht werden und hält an den Klett-Stellen.

Quiltbegriffe

ALBUM-QUILT
Quilt, der aus unterschiedlichen Appliktionsblöcken genäht ist, meist mit verschiedenen Motiven auf jedem Block (auch Baltimore Album Quilt)

AMISCH-QUILT
Eine typische Art von Quilts, wie sie von den Frauen der Amischen genäht werden, einer tiefreligiösen Gruppe mit extrem einfachem Lebensstil

APPLIKATION
Dekorative Technik, bei welcher ein Stoffstück auf ein anderes genäht wird

BLEIGLAS-PATCHWORK
Patchworktechnik, bei der die Nähte zwischen Stoffen von Schrägstreifen bedeckt werden, so daß der Eindruck bleigefaßter Glasscheiben entsteht

BLOCK
Ein Bauteil der Patchworkoberseite, meist quadratisch. Viele Quilts sind aus zahlreichen Blöcken zusammengesetzt.

BRIEFECKEN
Ecke eines Randes oder einer Einfassung, bei der die Nähte nicht gerade, sondern im 45°-Winkel aufeinander treffen

CHARMQUILT
Quilt, bei dem jedes Stoffteil zwar die gleiche Form hat, doch jeder Stoff anders gefärbt und gemustert ist

CRAZY QUILT
Quilt aus unterschiedlich großen, zufällig angeordneten Stücken verschiedener Stoffe wie Samt und Seide. Das Patchwork wird entlang der Nähte mit Zierstichen geschmückt.

ECHOQUILTING
Konzentrische Quiltlinien in gleichmäßigen Abständen um ein Motiv

EINFASSUNG
Der Stoffstreifen, der um den Rand eines Quilts verläuft und alle Kanten versäubert. Einfassungen können ganz einfach oder üppig ausgeschmückt sein.

ENGLISCHES PATCHWORK
Patchworktechnik, bei welcher Stoffstücke über Papierschablonen geheftet und an den Kanten zusammengenäht werden. Danach wird das Papier wieder entfernt.

FADENLAUF
Der Verlauf von Kette oder Schuß eines Stoffs. Ein gerader Fadenlauf ist beim Zuschneiden von Patchworkteilen oder Mustervorlagen wichtig.

FALTTECHNIK
Patchworktechnik, bei der Stoff zu Spitzen gefaltet wird. Meist werden diese in Sternform angeordnet.

FARBTON
Schattierung einer bestimmten Farbe

FARBWERT
Hell-Dunkel-Wert einer Farbe

FÜLLWATTE, ZAUBERWATTE
Polyesterwatte zum Füllen von Trapuntomotiven

GERADE EINFASSUNG
Quilteinfassung mit einem Stoffstreifen, der im geraden Fadenlauf zugeschnitten wurde

GERADSTICH
Standardstich der Nähmaschine

HEFTSTICH
Langer Vorstich, mit dem Stoff vorübergehend fixiert wird

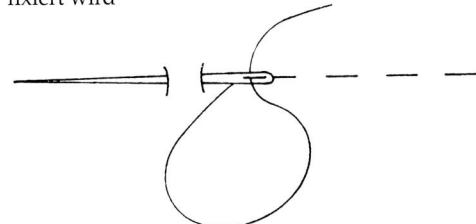

IN-DER-NAHT-QUILTEN
Die Quiltlinie liegt in oder ganz nahe der Naht

ITALIENISCHES QUILTEN
Eine dekorative Technik, bei der eine Kordel oder dicke Wolle durch Kanäle in doppelt gelegtem Stoff gezogen wird

KAPA LAU
Hawaiianische Applikationstechnik: Große, florale Formen werden auf Hintergrundstoff appliziert und mit Echoquilting verziert.

KAROPAPIER
Papier mit einer Einteilung in kleine Quadrate; geeignet zum Zeichnen von Schablonen und Mustern und zum Vergrößern bzw. Verkleinern

KIRCHENFENSTER-PATCHWORK
Stoffquadrate werden so gefaltet, daß sich kleine "Rahmen" bilden, die mit kontrastfarbenem Stoff gefüllt werden.

KLETTBAND
Befestigungsmaterial aus zwei aufeinander haftenden Bändern, bei dem sich kleine Plastikhäkchen auf einer Schlingenoberfläche festkrallen

KORDELQUILTING
Synonym für italienisches Quilten

LICHTBOX
Von innen beleuchteter Kasten mit Milchglasoberseite zum Durchpausen von Quiltmustern auf Stoff oder Papier

LOCHEN UND STANZEN
Übertragen von Quiltvorlagen auf Stoff, indem auf dem Papier entlang der Hauptlinien Löcher gestanzt werden, durch die das Muster mit Kreide oder anderem Pulver durchgepudert wird

MATRATZENSTICH
Stich zum unsichtbaren Verschießen von Nähten auf der Oberseite

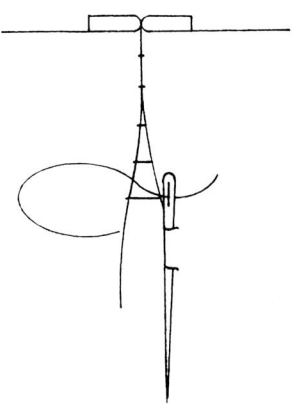

MEDAILLONQUILT
Quiltmuster mit einem großen, zentralen Muster oder Motiv

METALLICS
Stoffe oder Fäden mit metallischem Glanz

NESSEL
Naturfarbener, einfach gewebter Baumwollstoff, oft als Rückseite oder Innenfutter verwendet

NEUNERBLOCK
Quadratischer Block aus neun Teilen (drei längs, drei quer); die einzelnen Quadrate können ihrerseits zusammengesetzt sein.

OBERSTOFFTRANSPORT
Spezialfuß einer Nähmaschine, welche den Oberstoff in gleichem Tempo vorwärts schiebt wie der Transporteur des Unterstoffs

PATCHWORK
Das Zusammenfügen mehrerer Stoffstücke zu einem Muster

PERSISCHE APPLIKATION
Eine Applikationstechnik, bei der Mustermotive aus bedrucktem Stoff ausgeschnitten, neu arrangiert und aufgenäht werden

PLATTSTICH
Ein sehr dichter Stickstich: Jeder Faden berührt den vorigen.

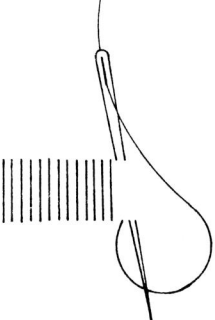

POLSTERNADEL
(Bodkin)-Nadel mit großem Öhr zum durchziehen von Kordel, dickem Garn oder Gummiband durch einen Tunnel.

QUILTEN
Das Aufeinandersteppen der drei Lagen (Oberseite, Wattierung und Rückseitenstoff) mit kleinen Vorstichen in dekorativem Muster

QUILTER'S QUARTER
Ein rechteckiger Plastikstab, mit welchem man um Schablonen und entlang gerader Kanten eine Nahtzugabe von 1/4 Inch zeichnen kann.

QUILTGARN
Extrastarker Faden, oft auch gewachst, der speziell zum Quilten entwickelt wurde. In vielen Farben erhältlich.

QUILTING BEE
Personengruppe, die gemeinsam an demselben Quilt arbeitet.

QUILTNADEL
Lange, starke Nadel, mit der man gut kleine Stiche machen kann

QUILTRAHMEN
Vorrichtung, um einen Quilt straff zu spannen; von klein bis ganz groß, bis zur Gesamtquiltgröße erhältlich

QUILTRAHMEN MIT HOLMEN
Ein großer Quiltrahmen für einen ganzen Quilt. Der größere Teil des Quilts ist auf Holme gewickelt, gequiltet wird nur auf der offenen Fläche.

RANDBORDÜRE
Ein dekoratives Muster, das um den Rand eines Quilts verläuft; entweder gerade, mit Bogenabschluß, aus Stoffteilen zusammengesetzt, gequiltet oder beides

REIFEN
Runder oder ovaler Quiltrahmen

ROLLSCHNEIDER
Runde Schneideklinge mit Griff zum Zuschneiden mehrerer Stofflagen auf einmal

RÜCKSEITENSTOFF
Stoffstück, oft einfarbig, als Rückseite für einen Quilt oder andere Projekte

RÜCKSTICH
Stickstich für eine besonders kräftige Naht oder Linie

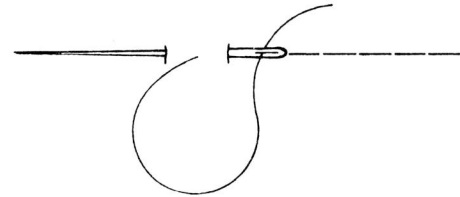

RÜSCHE
Geraffter Stoffstreifen oder Spitze als Quiltrand

SASHIKO
Japanische Quilttechnik mit deutlich sichtbaren Stichen für geometrische Flächenmuster

SAUM
Ein Kantenabschluß, bei dem Stoff zweimal eingeschlagen und festgenäht wird

SCHABLONE
Genaue Vorlage in Originalgröße, als Kopier- und Zuschneidehilfe; aus Plastik, Metall, Papier oder Karton

SCHABLONENPLASTIKMATERIAL
Feste, transparente Plastikfolie für Schablonen

SCHNEIDEMATTE
Vinylplatte als unempfindliche Unterlage für den Rollschneider.

SCHRÄGSTREIFENEINFASSUNG
Schmaler Stoffstreifen, im diagonalen Fadenlauf geschnitten, der zum Einfassen von Nähten, Kanten und besonders Kurven dient

SILBERSTIFT
Stift mit Silber- oder Metallspitze, zum Zeichnen auf Stoff

STOFFARBE
Spezielle Farbe für Stoff, oft materialgebunden (z.B. Seide). Manche Farbe muß durch Hitze fixiert werden.

TRAPUNTO
Quilttechnik, bei der Motive zwischen zwei Stofflagen mit Füllwatte plastisch ausgestopft werden

TUNNEL
Ein Stoffschlauch oder -streifen, auf die Rückseite eines Quilts genäht, durch welchen man eine Aufhängestange schieben kann

VIERERBLOCK
Patchworkmuster aus vier Quadraten, die auch zusammengesetzt sein können

VORSTICH
Ein gerader Stich, als Quiltstich verwendet

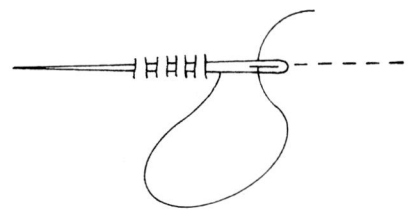

WÄSCHESPITZE
Bestickte Spitze, weiß auf weißem Baumwollstoff, als Stoff oder Band erhältlich.

WASSERLÖSLICHER STIFT
Stift zum Aufzeichnen von Quiltmustern auf Stoff. Die blaue Farbe läßt sich mit Wasser abtupfen.

WATTIERUNG
Füllschicht aus Naturfasern oder Synthetik als Zwischenlage im Quilt; in verschiedenen Stärken erhältlich

WHOLECLOTH QUILT
Quilt, dessen Oberfläche aus einem ganzen Stück Stoff, also nicht zusammengesetzt ist. Als Dekoration dienen allein die Quiltmotive.

ZAUBERSTIFT
Filzstift mit lila Farbstoff, der nach einiger Zeit von selbst verschwindet

ZICKZACK
Maschinenstich, bei dem der Faden bei gleichzeitigem Stofftransport hin und her gestochen wird

ZWISCHENSTREIFEN
Stoffstreifen, mit denen man die Blöcke der Patchworkoberseite optisch voneinander trennt

Stichwortverzeichnis

A
Achteckmuster 162
Ahle, Polsternadel 29
Ahornblatt (Maple Leaf)
   mit Zwischenstreifen 144
   kombinierter Block 147
   Neunerblock 129
Album-Quilt 18–19
Amerikanischer Blockquilt 14
Amisch-Kniedecke (Projekt) 104–105
Amisch-Quilts 15
Amischmuster 160, 161
Ananas (Pineapple)
   Kombination 138, 139
   Muster 137
   Lineal 28
Anordnung von Blöcken 24, 90–91
Applikation 17, 21, 43, 59
   Block 65, 78–79
   Schablone 68
   Muster 134, 135
Attic Window (Dachfenster) 130

B
Babyblock, Tumbling Block (Würfel)
   englisches Patchworkmuster 162
   Muster ohne Blockeinteilung 132
   Schablone 132
Baltimore Album Quilt 18,19
Bärentatze (Bear's Paw) 161, 128
Barn Raising (Scheunenbau) 138, 139
Basket (Korb) 161
Baumwoll/Polyester Mischfaser 30
Baumwolle 30, 31, 37
Bear's Paw (Bärentatze) 161, 128
Becher (Tumbler) 133
Bienenwachs 26
Birne, Applikation 135
Blättermuster 134
Bleiglasfenster-Wandbehang
Bleistift 27
Bleistiftanspitzer 27
Block 24
Block und Zwischenstreifen Kombinationen 144, 145
Blöcke kombinieren 146, 147
Blockhaus (Log Cabin)
   Block 65, 80-81
   Variationen 138, 139
   Muster 136, 137

Blumenblock 127
Bogeneinfassung 156
Bogenmuster 165
Broken Star (Gebrochener Stern) 133
Butterfaß (Churn Dash)
   Block 129
   Block und Zwischenstreifen 145
   Muster 36, 58

C
Card Trick (Kartentrick) 129
Carolina Lily (Lilie von Carolina) 131
Cathedral Window (Kirchenfenster), Duftkissen 110–111
Chintz 30
Churn Dash (Butterfaß)
   Block 129
   Block und Zwischenstreifen 145
   Muster 36, 58
Courthouse Steps (Stufen zum Gerichtsgebäude) 137
Covered Bridge (Überdachte Brücke) 130
Crazy Quilting 17
Crescent and Heart (Girlande und Herz) 152
Cross and Crown (Kreuz und Krone) 129
Crown of Thorns (Dornenkrone) 160

D
Dachfenster (Attic Window) 130
Damast 34
Dampfbügeleisen 26
Diagonallinien quilten 154, 155
Doppel-T (Double T) 161
Doppel-Z (Double Z) 127
Dornenkrone (Crown of Thorns) 160
Dreieck-Log Cabin 137
Dreieck-Randbordüre 150
Dresdner Teller (Dresden Plate)
   Muster 38, 43
   Blockvariation 131
Drunkard's Path (Weg des Betrunkenen)
   kombinierter Block 147
   zusammengesetztes Randmuster 151

E
Easy Angle 28
Eichblatt (Oak Leaf) 135
Einfassung 24, 65, 98, 98–99
Englisches Patchwork und Muster 16, 162, 163
Englisches Patchworkprojekt 106–107

F
Faden 26, 65
Faltpatchwork, Projekt 112–113
Farbfächer 36
Farbige Stifte 29
Farbkreis 32
Feder und Welle, Quiltmuster 152
Federmuster für Wholecloth 159
Fifty-four Forty (54 oder 40 oder Kampf) 129
Filzstifte 27
Fingerhut 26, 56
Fliegende Wildgänse (Flying Geese)
   Block 65, 86-7
   Schablone 69
   Muster 133
Fortlaufender Schrägstreifen 60–61
Four Crowns (Vier Kronen) 130
Freundschaftsquilt 60
Freundschaftsring (Love Ring) 147
Freundschaftsstern (Friendship Star) 160
Früchtekorb (Fruit Basket) 131
Füllwatte, Zauberwatte 21
45°–Dreiecke 141
45°–Kaleidoskop–Lineal 28

G
Garden Maze (Irrgarten) 161
geformte Kanten 157
Geodreieck 27
gestreifte Stoffe 34, 35
Giant Dahlia (Riesendahlie) 133
Girlande und Herz (Crescent and Heart) 152
Gitterzaun (Rail Fence) 126
Grandmother's Fan (Großmutters Fächer) 131

H
Hawaiianischer Applikationsquilt 20
Hawaiianisch quilten 59
Heften 24, 52–53
Heftfaden 26
hell/dunkel Muster 163
Hintergrundmuster 154, 155
Hochzeitsquilt 13

I
Irische Kette (Irish chain)
   Muster 140
   Quilten 140
Irrgarten (Garden Maze) 161
Italienisches Quilten 21

J
Jakobsleiter (Jacob's Ladder) 129

K
Kantenabschlüsse 156, 157
Kapa Lau 20
Karopapier 27
Kartentrick (Card Trick) 129
Karton 28
Kiefer (Pine Tree) 131
King's X (Königs-X) 127
Kirchenfenster (Cathedral Window), Duftkissen 110, 110–11
Kleeblatt (Shamrock) 134
Kopierrädchen 29
Korb (Basket) 161
Kordelquilting 21
Kordelquilting auf aufgesetzter Tasche 116–117
Kreiden 27
Kreiderädchen 29
Kreise
   Sashikomuster 165
   Quiltmotiv 158, 159
Kreuz und Krone (Cross and Crown) 129
Kurvenlinien 164

L
Lamé 31
Lebensbaum (Tree of Life)
   Block 131
   Amischmuster 161
Leder 31
Lichtbox 49
Lilie von Carolina (Carolina Lily) 131
Lineal 27
Log Cabin (Blockhaus)
   Block 65, 80/81
   Variationen 138, 139
   Muster 136, 137

Log-Cabin-Variation 138, 139
Lone-Star-Muster 133
Love Ring (Freundschaftsring) 147

M

Maple Leaf (Ahornblatt)
    mit Zwischenstreifen 144
    kombinierter Block 147
    Neunerblock 129
Maßband 26
Mosaikmuster 162
Motive 34, 35, 36
Muscheln
    Hintergrundmuster 154
    englisches Patchwork 163
    Quiltmuster 165
Muster ohne Blockeinteilung 132, 133

N

Nadeln 26
Nähen
    von Hand 46, 56, 57, 61
    mit Maschine 56, 57
    Zopf 56
    lange Parallellinien 56
    Vorstich 57
    gerade 56
    gerade Einfassung 98
90°–Dreiecke 141
Neunerblock
    Block 65, 74, 75, 128, 129
    Schablone 66, 67
    Kombinationen 44
    im Viererblock 127

O

Oak Leaf (Eichblatt) 135
Oh Susanna (Block) 126
Ohio Rose (Rose von Ohio) 135
Omnigrid 28
Ozark Maple Leaf (Spitzahorn) 147

P

Patchwork-Einfassung 156
Pine Tree (Kiefer) 131
Pineapple (Ananas)
    Kombination 139
    Muster 137
    Lineal 28
Pinwheel (Windrad)
    Amischmuster 160
    Kombination 145
    Viererblock 126
    Pinwheel Log Cabin Block 136

Plastik 30
Plastikschablonen 28
Polyester 30

Q

Quilt-Eckmotiv 65
Quilt-Wiederholungsmuster 65
Quiltbordüren 50, 152, 153
Quilten 24, 25, 58
    Nadeln 26, 65
    Rahmen 54, 55
    Reifen 54–55
    Schablone 71
Quiltoberseite 24
Quiltrahmen 25, 27

R

Radical Rose (Rose der Radikalen) 135
Radiergummi 27
Rail Fence (Gitterzaun) 126, 127
Randbordüre 25
Randbordüren und Eckmuster 151
Rauten und Diagonalen
    Kombination 144
    mit englischem Patchwork 162, 163
    Log Cabin Muster 137
    Sashiko 165
    Quiltmuster 154, 155
Rechteckmuster 150
Regenbogen Quiltmuster 155
Reinigen von Quilts 166
Reise um die Welt (Trip Around the World) 160
Reversapplikation
    Block 65, 88–89
    Schablone 70
Riesendahlie (Giant Dahlia) 133
Rolling Stone (Rollender Stein)
    Neunerblock 128
Rollschneider 28, 44–45, 65
Rose von Ohio (Ohio Rose) 135
Rose von Sharon 135
Rückseitenstoff 52, 65
Runde Ecken 156

S

Sägezahn (Sawtooth)Block 127
    Kombination 144
Sailboat (Segelboot) 130
Salem-Lineal 28
Samt 31

Sashiko
    Tasche 118–121
    Muster 164–165
Satin 30, 31
Schablonen 42, 43, 66–71
Schachbrett
    -muster 163
    -quiltmuster 154, 155
Scheren 26, 28
Scheunenbau (Barn Raising) 138, 139
Schmales Log Cabin 139
Schmirgelpapier 28
Schneidematte 28
Schneiderkopierpapier 29, 49
Schulhaus-Block 130
Segelboot (Sailboat) 130
Segeltuch 31
Seide 31, 37
Seminolemuster 142, 143
Seminolequilt 19
Shamrock (Kleeblatt) 134
Sicherheitsnadeln 27
Silberstift 29, 65
Snail-Trail-Muster 149
Spirale
    Hintergrund-Quiltmuster 155
    gequiltetes Randmuster 153
Spitzahorn (Ozark Maple Leaf) 147
Spitzen
    Randmuster 151
    Sashikomuster 165
Spitzenstoff-Kante 157
Stanzen und Lochen 49
Stecknadeln 26
Stern
    Block 65, 84–85, 129
    Schablone 68
    große Sterne 133
Stoff markieren 48, 94–95
Stoffradiergummi 29
Stoffteile zuschneiden 44
Streifen-
    Block 65, 82–83
    Schablone 68
    Einfassung 156
    Zwischenstreifen 145
    Muster 140, 141
Stufen zum Gerichtsgebäude (Courthouse steps) 137
Stufen zum Weißen Haus (White House Steps) 136
stumpfe Nadeln 29, 48, 49

T

Taubenmotiv 134
Tausend Pyramiden 132
Teppichmesser 28
Transfer 49

Transferstift 29
Trapunto
    Quilt 21
    Platzdeckchen 114–5
Tree of Life (Lebensbaum)
    Block 131
    Amischmuster 161
Trip Around the World (Reise um die Welt) 160
Tüll 31
Tulpe
    Applikationsmotiv 134–135
    zusammengesetzte Tulpe 131
Tumbler (Becher) 133
Tumbling Block – siehe Babyblock
Türkisch-Rot 17
Twill 31

U

Überdachte Brücke (Covered Bridge) 130

V

Verschlungene Bänder, Bordüre 151
Verschlungene Quiltbordüre 153
Vier Kronen (Four Crowns) 130
Viererblock
    Block 65, 72–73, 126, 127
    Schablone 66
    Randkombination 145
    Log-Cabin-Muster 137, 139
Vierundfünfzig oder Vierzig (54 or 40 or fight) 129
Vogelmotiv 135
Voile 31
Vorstich 57
Vorwaschen von Stoff 30–31

W

Wattierung 24, 25, 52, 65
Webkante 31, 60
Webmuster 164
Wedding-Ring-Muster 133
Weg des Betrunkenen (Drunkard's Path)
    kombinierter Block 147
    zusammengesetztes Randmuster 151
Weinglaskreise Quiltmuster 154
Wellenkante 153
White House Steps (Stufen zum Weißen Haus) 136

Wholecloth 12, 13
    Motive 158, 159
    Kissen 102
    Wholecloth-Quiltmotiv 158
Windrad (Pinwheel)
    Amischmuster 160
    Kombination 145
    Viererblock 126
    Log Cabin Block 136
Winkel
    -kombination 139
    -muster 137
Winkelmesser 27
Wolkenmuster 165
Wolle 30
Würfel (Babyblock, Tumbling Block)
    englisches Patchworkmuster 162
    Muster ohne Blockeinteilung 132
    Schablone 132

Z

Zauberstift 29
Zickzack-Hintergrundmuster 154, 155
Zirkel 27
Zopf, gedreht 56, 153
Zopfmuster 153
Zuckerdose (Sugar Bowl)
    Block 65, 76–77
    Schablone 67
zusammengesetzte Randbordüre 65, 92
Zusammensetzen 24, 46
Zwischenstreifen 24, 25, 65

Dank

Die Herausgeber bedanken sich herzlich bei folgenden Institutionen und den Quilterinnen, deren Arbeiten abgebildet sind, besonders auch dem »Quilt Room«, 20 West Street, Dorking, Surrey RH4 1BL, mit dessen Materialien in diesem Buch gearbeitet wurde.

Seite 1	Jenny Rees
Seite 2/3	Janice Grunner
Seite 4/5	Janine Whiteson
Seite 8/9	Jenny Rees
Seite 10/11	Janice Grunner
Seite 12/13	BEAMISH, The North of England Open Air Museum, County Durham
Seite 14/15	Crane Gallery, London
Seite 16/17	Crane Callery, London
Seite 19	Alison Findlay/National Patchwork Chamionships
Seite 21	Shelburne Museum, Shelburne, Vermont
oben	Shipley Art Gallery, Tyne and Wear Museums
unten	Marylin Garrow
Seite 22/23	Janine Whiteson
Seite 24/25	Judith Hammersla
Seite 34 oben	Rose Hunneyball/National Patchwork Championships
unten	Janice Grunner
Seite 38/39 links	Rosalie Rakow/National Patchwork Championships
rechts	Louise Bell
Seite 40	Template Chattels, London
Seite 46	Crane Gallery, London
Seite 50	Crane Gallery, London
Seite 57	Jenny Rees
Seite 57	Janice Grunner
Seite 60	Crane Gallery, London
Seite 62/63	Gail Lawther
Seite 100/101	Jenny Rees
Seite 102	Gail Lawther
Seite 104	Gail Lawther
Seite 105	Gail Lawther
Seite 106	Gail Lawther
Seite 108	Gail Lawther
Seite 110	Gail Lawther
Seite 112	Angela Besley
Seite 114	Gail Lawther
Seite 116	Gail Lawther
Seite 118	Margaret Blakeley
Seite 122/123	Jenny Rees
Seite 124 oben	Jenny Rees
unten	Shelburne Museum, Shelburne, Vermont
Seite 125 oben	Shelburne Museum, Shelburne, Vermont
unten links	Crane Gallery, London
unten rechts	Deirdre Amsden
Seite 126	Crane Gallery London
Seite 128	Shelburne Museum, Shelburne, Vermont
Seite 132	Crane Gallery, London
Seite 134	Crane Gallery, London
Seite 138	Pamela Cross
Seite 140	Crane Gallery, London
Seite 144	Jenny Rees
Seite 152	Shelburne Museum, Shelburne, Vermont
Seite 158	BEAMISH, the North of England Open Air Museum, County Durham
Seite 160	Shelburne Museum, Shelburne, Vermont
Seite 164	Sashikojacke, Margaret Blakeley
Seite 168	Shelburne Museum, Shelburne, Vermont
Seite 169	Shelburne Museum, Shelburne, Vermont
Seite 171	Crane Gallery, London